Wolfgang Schmidbauer

Liebeserklärung an die Psychoanalyse

Rowohlt

1. Auflage August 1988
Copyright © 1988 by Rowohlt Verlag GmbH,
Reinbek bei Hamburg
Alle Rechte vorbehalten
Satz aus der Garamond (Linotron 202)
Gesamtherstellung Clausen & Bosse, Leck
Printed in Germany
ISBN 3 498 06228 X

Inhalt

Vorwort 7

Einleitung 13

1 Das Unbewußte 17

2 Die Deutung 31

3 Freie Einfälle 46

   Liegen oder sitzen? 50
   Regression und Objektverlust 54

4 Übertragung und Widerstand 58

5 Gegenübertragung und Abstinenz 75

   Die Projektion 84
   Die Gegenübertragung als Hilfsmittel 94
   Projektive Identifizierung 97

6 Phantasie und Wirklichkeit 101

   Fixierung und Regression 106
   Traumatische Neurosen 118
   Kindheitstraumen – übertrieben oder bagatellisiert? 124

7 Die kindliche Sexualität 135

| 8 | Neurotisches Elend und allgemeines Leid | 152 |

| 9 | Die Ausbildung des Analytikers | 164 |

Analyse auf Probe 171
Urlaub 172
Gruppen- oder Einzeltherapie? 173
Körpertherapie und Psychoanalyse 176
Psychotherapie und Psychoanalyse 181
Familientherapie 183
Selbstanalyse und Selbsthilfegruppen 187

| 10 | Eine Haßliebe zu Freud | 191 |

Adressen 199
Register 207

Vorwort

Ein Wort wie «Liebeserklärung» nimmt sich merkwürdig aus im Titel eines Buches, das Vorgehensweise und Ergebnisse der Psychoanalyse darstellen soll. Wenn ich dennoch an diesem Titel festgehalten habe, gibt es dafür verschiedene Gründe. Einer ist gewiß die Suche nach Alternativen zum Wort-Einheitsgrau der Einführungen und Grundrisse, in das solche Texte oft gekleidet sind. In unserer Zeit werden «Sachbücher» und «wirkliche Literatur» auseinandergehalten. Die Darstellung von Inhalten und das Interesse für die poetische Metapher sind in verschiedenen Abteilungen der Buchfabriken zu Hause. Viele Kritiker und Verleger haben zur Sachliteratur dasselbe Verhältnis, wie es ein Rosenzüchter zu dem Kohlfeld haben mag, mit dessen Ertrag er sein feinsinniges Steckenpferd füttert.

Die Psychoanalyse hat im Lauf ihrer Geschichte so viel gehässige Ablehnung auf sich gezogen, daß es mir sinnvoll erschien, einmal darzustellen, was an ihr anziehend und liebenswert ist. Diese Haltung ist durchaus mit dem Auftrag vereinbar, möglichst genau und objektiv zu bleiben. Der 1985 verstorbene Ethnologe Georges Devereux* hat beschrieben, wie eng Forschungsergebnisse und Gefühlslage des Wissenschaftlers zusammenhängen. Verzerrungen lassen sich nicht dadurch vermeiden, daß man solche Einflüsse von Wunsch und Abwehr verleugnet. Sie verschwinden eher, sobald sie in eine Darstellung einbezogen und möglichst transparent gemacht werden.

* G. Devereux, Angst und Methode in den Verhaltenswissenschaften, Frankfurt (Suhrkamp) 1984.

Wir sind von einem wachsenden Zynismus umgeben. Sämtliche Autoritäten laufen Gefahr, ihren Kredit zu verlieren, politische, wissenschaftliche, Künstler und Philosophen. Diese Abnützungserscheinungen hängen mit dem Mißerfolg und dem Mißbrauch der Autorität zusammen. Zu lange und zu oft hat sich erwiesen, daß Technik und Wissenschaft den Menschen in kleinen Zusammenhängen ein wenig mehr Sicherheit und Glück gewähren, aber eine insgesamt gefährliche, zunehmend bedrohliche Entwicklung nicht beherrschen und nicht vermeiden können. Es scheint mir eine sinnvolle Anpassung an diese Situation, die persönliche Interessenlage als eine Gestalt des «subjektiven Faktors» aller Fachleute zu erfragen. Ein akademischer Titel garantiert heute allenfalls einen bestimmten Stil der Argumentation, aber keineswegs Objektivität, wenn es beispielsweise um Fragen der atomaren Energie oder der Umweltbelastung durch Chemikalien geht. Kritische Bürger haben inzwischen gelernt, daß ein Experte glaubwürdiger wird, wenn er seine persönliche Position einbezieht und darstellt. Wer sie verschleiert und sich den Anschein unantastbarer Objektivität, unbestechlicher Urteilskraft gibt, hat oft etwas zu verstecken. Die am lautesten ihre eigene Wissenschaftlichkeit beteuern und die Unwissenschaftlichkeit ihrer Gegner benennen, haben daran meist ein verborgenes Interesse.

So gibt es hinsichtlich der therapeutischen Wirkung einer Psychoanalyse wissenschaftliche Arbeiten, die sie beweisen und solche, die sie widerlegen. In dieser Situation kommt man um die Frage nicht mehr herum, was denn nun aus welchen Motiven heraus bewiesen werden soll. Roger Brown und Richard J. Herrnstein haben in ihrem 1984 übersetzten Lehrbuch* diesen Weg eingeschlagen. In einer auch heute noch oft

---

* R. Brown, R. J. Herrnstein, Grundriß der Psychologie, Berlin (Springer) 1984, S. 719.

zitierten Kritik der Psychoanalyse* hat Hans Jürgen Eysenck behauptet, sie erreiche trotz jahrelanger, kostspieliger Arbeit nicht einmal die Erfolgsquote der spontan auftretenden Heilungen. Kurzum: wer leidet, soll lieber warten, als sich auf die Couch zu legen. Ein anderer Forscher, A. E. Bergin, überprüfte die Studien, die Eysenck diesem Urteil zugrunde gelegt hatte. Neben schlichten Rechenfehlern fand Bergin vor allem, daß Eysenck systematisch die Urteile über den Erfolg von Psychoanalyse sehr streng definiert hatte, während er in der Tabellierung der Spontanheilung äußerst großzügig war. Die beiden Harvard-Forscher fassen zusammen:

«Insgesamt gelangt Bergin... zu einer Besserungsrate von 83% für die psychoanalytischen Daten und von 65% für die eklektische Psychotherapie. Hinsichtlich der Zahlen für die eklektische Psychotherapie gibt es zwischen Bergin und Eysenck also fast völlige Übereinstimmung, während nur bei den Zahlen für die Psychoanalyse eine starke Diskrepanz vorliegt. [Eysenck hatte nur 44% der Psychoanalyse-Patienten als gebessert beurteilt. Beide Forscher, Bergin wie Eysenck, verarbeiteten Daten verschiedener klinischer Studien. W.S.] Das kann einen fast glauben machen, Eysenck habe sich durch eine besondere Feindseligkeit gegenüber der Psychoanalyse zur Unfairness verleiten lassen. Was uns zu der Annahme bringt, daß Bergin der Wahrheit näherkommt als Eysenck, ist vor allem seine Weigerung, irgendeine Polemik auszuspielen, auch weckt die vollständige Wiedergabe einiger Originaldaten und die explizite Darlegung seiner Annahmen Vertrauen.»

Wohlgemerkt: Bergin ist kein Psychoanalytiker, sondern Verhaltenstherapeut. Die Häufigkeit spontaner Genesungen schätzt er übrigens aufgrund eines weit reicheren Datenmaterials als Eysenck auf 30 Prozent, nicht auf rund 60 Prozent.

* H.J. Eysenck, Uses and Abuses of Psychology, Baltimore (Penguin) 1953.

Die Frage «Wirkt Psychoanalyse oder wirkt sie nicht?» ist inzwischen überholt. Sie wirkt, aber es ist ungeheuer schwer, vergleichbare Daten zu finden. Eine «spontane» Erholung, die man ihren Einflüssen gegenüberstellen könnte, ist fiktiv. Neben den berufsmäßigen Helfern für seelische Schwierigkeiten gibt es zahlreiche, wirkungsvolle «private» Einflußnahmen – Freundschaften, Reisen, berufliche Veränderungen. Sinnvoller wäre eine Frage wie: Unter welchen Umständen kann dieser besondere Analytiker diesem Patienten nützen?

Ich hoffe, daß der Leser aus diesem Buch Ansätze gewinnen kann, solche Fragen für sich zu beantworten. Die Psychoanalyse ist keine Naturwissenschaft im üblichen Sinn. In ihr geht es nicht um Ereignisse, die unabhängig von den beteiligten Personen «objektiviert» werden können. Daß solche Forschungsansätze dort, wo es um Gefühlsbeziehungen und zwischenmenschlichen Kontakt geht, ihre Grenzen finden, gehört zu ihren Resultaten. Wir erleben andere innerseelische Prozesse, wenn wir einem Computer oder einem lebendigen Menschen gegenübersitzen. Teile einer Person, die für sich nicht lebensfähig sind, zum Beispiel die Zusammensetzung eines Blutstropfens oder die Struktur eines Gewebeschnitts, kann der Computer so gut analysieren wie ein menschlicher Forscher. Aber die *ganze* Person sprengt diesen Rahmen. Um sich zu öffnen, um sein Inneres der Forschung zugänglich zu machen, braucht ein Mensch Qualitäten wie Vertrauen und das Gefühl, ein interessiertes, engagiertes Gegenüber zu haben.

Die Psychoanalyse versucht, solche Tatsachen zu benennen und sie möglichst gründlich kennenzulernen, sie sozusagen nicht im Kleingedruckten zu verstecken.

Ein Buch über Psychoanalyse sollte von den menschlichen Bedürfnissen ausgehen, die in ihr Gestalt annehmen. Die Theorie ist wenig einheitlich, widerspruchsvoll, ein Gemisch aus Modellvorstellungen und Tatsachenbeschreibungen. Dennoch wird sie vielen praktischen Anforderungen in dem zwischenmenschlichen Unternehmen einer Psychoanalyse gerecht. Sie ist nicht vollkommen, aber unersetzlich. Auf die Differenzierungsmöglichkeiten der psychoanalytischen Forschung können wir nicht verzichten, wenn ein Phänomen wie die «Psychoszene» nicht abgewertet, sondern verstanden werden soll. Genaue Kenntnisse schützen wirksamer vor schädlichen Folgen einer Psychotherapie als undifferenzierte Ablehnung, verbunden mit offenen oder versteckten Hinweisen, die alten medizinischen und pastoralen Autoritäten seien doch die besseren gewesen.* Der Therapiekritiker (und das sollte jeder nachdenkliche Therapeut *auch* sein!) gerät rasch in Gefahr, Beifall von der falschen Seite zu erhalten. «Das haben wir früher auch nicht gebraucht! Verweichlichung!»

Die amerikanische Psychoanalytikerin Phyllis Greenacre beschreibt die Verbindung von Naturwissenschaft und Kunst, die sie in der psychoanalytischen Praxis findet. Die psychoanalytische Situation ist ein vielschichtiges Geschehen, in dem die Wahrnehmungen des Analytikers von allem mitbestimmt werden, was ihn während des Prozesses bewegt. Viel davon kann, etwa durch ein Tonbandprotokoll, nicht erfaßt werden. «In diesem Sinn kann der Analytiker mit dem Künstler verglichen werden, dessen Wahrnehmungen durch eine subtile ständige Interaktion zwischen der eigenen Person (körperliche Reaktionen eingeschlossen) und dem, was er in der äußeren Welt erlebt, bestimmt sind.»** Nancy Julia Chodorow sieht in solchen Äußerungen einen Hinweis auf «weibliche» Qualitäten

---

* Hansjörg Hemminger, inzwischen Mitarbeiter der Evangelischen Zentralstelle für Weltanschauungsfragen, bietet Musterbeispiele solcher versteckten Wertungen, gemischt mit Aussagen wie: «Beim Psychoboom handelt es sich um ein gesellschaftliches Phänomen.» In: «Börsenblatt des deutschen Buchhandels» 6/22.1.1988, S. 248.

** Ph. Greenacre, Emotional Growth, New York (International University Press) 1971, S. XXI.

der Psychoanalyse: «den Anspruch... Wissenschaft und Kunst zu sein, eine sozusagen sanfte Wissenschaft, die den provisorischen Charakter von Interpretationen betont; den Schwerpunkt auf Gefühlen und einer zwischenmenschlichen Interaktion; die Notwendigkeit, den Wissenschaftler in die Untersuchung mit einzubeziehen.»*

Warum sollte ein Mann einer solchen Wissenschaft nicht mit einer Liebeserklärung begegnen?

W.S.

---

* N.J. Chodorow, Der Beitrag der Frauen zur psychoanalytischen Bewegung und Theorie, in: Psyche 41, S. 820, 1987 (übers. von Franziska Lorenz).

Einleitung

Seit es die Psychoanalyse gibt, ist sie umstritten. Sie wird weder allgemein anerkannt, wie es ihre Freunde gelegentlich mit dem Hinweis auf Lehrstühle, Verträge mit Krankenkassen und gut besuchte Kongresse behaupten, noch läßt sie sich sinnvoll als sterbende Sekte, als vom wissenschaftlichen Fortschritt überholter Aberglaube beschreiben. Ich will hier nicht versuchen, die Frage zu beantworten, ob die Psychoanalyse «richtig» oder «falsch», gut oder verwerflich sei. Ich will eher zu einem Flirt, einer spielerischen Auseinandersetzung einladen. Das heißt, ich beziehe mich auf die Ambivalenz und Unsicherheit des sogenannten «Laien».

Wenn er die Psychoanalyse nur vom Hörensagen kennt, kann er jetzt erfahren, worum es eigentlich geht. Wenn er schon einmal ein Buch eines Analytikers gelesen hat, treffe ich mich mit ihm bei der zweifelnden Frage: «Ob das nun wirklich so ist – oder vielleicht ganz anders? Muß man an den Ödipuskomplex oder die anale Phase einfach glauben?» Wenn er Bekannte hat, die plötzlich nur noch von ihrer Analyse beziehungsweise ihrem Analytiker erzählen (oder umgekehrt Gespräche abbrechen, «weil das in die Analyse gehört»), schüttle ich zusammen mit ihm den Kopf und versuche ihn zu trösten, soweit Argumente und Einsicht in Zusammenhänge Trost bringen können. Wenn eine Leserin oder ein Leser gar daran denkt, selbst eine Analyse zu machen, mag dieses Buch als eine Art Reiseführer – einmal Unbewußtes und zurück – die Angst vor den ersten Schritten erleichtern. Bald wird sie oder er freilich die Angaben zu allgemein finden. Aber wo es keine Hotels mit festgelegtem Dienstleistungsangebot gibt, die ich in diesen Baedeker aufnehmen kann, sind Informationen über Sprache und Sitten der Eingeborenen nicht zu verachten.

In den letzten Jahren ist es fast eine Modeerscheinung unter Journalisten geworden, etwas polemisch zu verwerfen, was sie als Psychoanalyse ausgeben. Ihre Gewährsmänner sind in der Regel an einem unreflektierten Positivismus orientierte Psychologen. Man könnte gegen solche Polemiken einwenden, daß sie einen Popanz bekämpfen, der aus einzelnen Fetzen der Freudschen Schriften zusammengestückelt ist. Fortschritte und Differenzierungen der Psychoanalyse nehmen sie nicht zur Kenntnis.* Dieser Einwand läßt sich durch einen grundlegenderen ergänzen. Ob wir nun einen Flugapparat aus der Zeit der Brüder Wright oder einen modernen Jet nehmen, immer wird uns die chemische Analyse seiner Bestandteile keinen Aufschluß darüber geben, ob er sich in die Luft erheben kann. Sie mag allerdings genau aufzeigen, welche Materialien ungeeignet sind. Der Konstrukteur wird sich nicht über den Metallurgen hinwegsetzen; dieser sich hüten, Aussagen zu machen, die sich auf die ganzheitliche Funktion des Flugzeugs beziehen. Anders gesagt: an einem physikalisch-statistischen Modell orientierte Forschung und das wissenschaftliche Vorgehen der Psychoanalyse unterscheiden sich derart, daß die Ebene von «experimentell richtig beziehungsweise falsch» unbedingt durch die Dimension «übertragbar beziehungsweise

---

* Einer dieser Kritiker gibt ehrlich zu, er habe sich bei seiner Widerlegung der Psychoanalyse auf Freuds Aussagen beschränkt (Dieter E. Zimmer, Tiefenschwindel. Die endlose und die beendbare Psychoanalyse, Reinbek [Rowohlt] 1986); ein anderer faßt die «tiefenpsychologische Traumatheorie» auf einer Druckseite zusammen und billigt sich dann die restlichen 280 für deren Widerlegung zu (Hansjörg Hemminger, Kindheit als Schicksal? Die Frage nach den Langzeitfolgen frühkindlicher seelischer Verletzungen, Reinbek [Rowohlt] 1982).

nicht übertragbar» ergänzt werden muß. Sonst ist das Ergebnis keine Bereicherung unseres Wissens, sondern ein Rückschritt, ein Verlust – als wollte ein Chemiker dem Konstrukteur verbieten, seine Modelle zu entwerfen und zu erproben. Freilich rechne ich nicht damit, eingefleischte Gegner der Psychoanalyse zu überzeugen. Aber ich treffe mich mit ihren Hörern und Lesern, die sich vielleicht fragen: Wenn das alles Unsinn ist, wenn es das Unbewußte nicht gibt und wenn die Kindheit für unser späteres Leben nichts bedeutet – wieso nehmen so viele kritische und nachdenkliche Menschen diese Irrtümer und Illusionen so ernst?

Ich habe darüber nachgedacht, ob ich dieses Buch so aufbauen sollte, wie ein Patient die Analyse kennenlernen mag. Am Anfang stünde die Unsicherheit, ob Hilfe möglich ist, wie man sie finden kann, die vielen Zweifel und die quälenden Versuche, aus eigener Kraft oder durch Gespräche mit Freunden weiterzukommen. Endlich der Schritt in die Therapie, oft schon deshalb hilfreich, weil er ein tieferes Eingeständnis eigener Schwäche, eine Bereitschaft ausdrückt, das bisher zur Seite Geschobene ernst zu nehmen. Die Frustration, wenn die Therapeuten am Telefon ihre Wartezeiten ausbreiten wie das Gegenstück zum roten Teppich, der die Ehrengäste einlädt. Den Ärger, daß man die eigene Geschichte mehrere Male erzählen soll, wenn man einen der leichter erreichbaren Analyseplätze bei einem Ausbildungsteilnehmer bekommen will. Die Angst vor der ungewohnten Situation einer analytischen Grundregel, die zusichert, alles sagen zu dürfen, aber oft zunächst als neue, nur schwerer durchschaubare Leistung und Fleißaufgabe verstanden wird. Hoffnung auf den Therapeuten als Erlöser, Enttäuschung durch seine gewöhnliche Menschlichkeit, endlich Schritte zu einer herzlichen Arbeitsbeziehung, in der sich gegenseitige Rücksicht und Offenheit mischen. – Aber wer so weit gekommen ist, weiß bereits mehr über Psychoanalyse, als er aus Büchern erfahren kann.

Ich habe diesen Plan aufgegeben, weil es mir unmöglich schien, eine für mich überzeugende Geschichte über einen solchen typischen Verlauf zu finden. Zudem wird der interessierte Laie zunächst mit Bruchstücken psychoanalytischen Wissens konfrontiert, die er verarbeiten muß. Diese Fragmente sind oft ausgesprochen unglücklich gewählt, weil sie den sensationellen oder entlarvenden Aspekt der Psychoanalyse betonen. Es ist, als würde man einem Hungrigen Gewürze vorsetzen. Die Grundnahrungsmittel der Psychoanalyse sind viel schwerer zu verstehen. Sie hängen mit der Methode zusammen, mit dem Versuch, den inneren Monolog eines Menschen in die intime Öffentlichkeit der psychoanalytischen Situation zu übertragen. Das heißt, daß ein tieferes Eingehen auf Widerstand und Übertragung notwendiger sind als Inhalte wie der Ödipuskomplex oder die kindliche Sexualität.

Eine Popularisierung von Wissenschaft, in der Ergebnisse vorgestellt werden wie die Kaninchen, die der Zauberer aus seinem Zylinder holt, hat nur geringen Wert, um die Laien mündiger zu machen. Mein Anliegen ist eine Information über die Psychoanalyse, in der weder blinde Überzeugung noch feindselige Ablehnung gefördert werden, sondern Verständnis für eine geistige Leistung, deren Feinheiten heute oft nicht weiterentwickelt, sondern vergröbert und abgestumpft werden. Die Psychoanalyse als Forschungs- und Therapiemethode hat einen ausgesprochen handwerklich-künstlerischen Charakter. Sie läßt sich nicht technisieren und rationalisieren wie andere Zweige der angewandten Wissenschaft. Daher gibt es in der Welt der Psychotherapie auch viele Rückentwicklungen, die sich mit dem Ersatz handgefertigter Schuhe oder Möbel durch Preß- oder Spritzgußteile aus Plastik vergleichen lassen. Mit dem üblichen Fortschrittsglauben lassen sich solche Vorgänge vielleicht rechtfertigen, gewiß aber nicht verstehen.

1
Das Unbewußte

Die Psychoanalyse ist die Wissenschaft vom Unbewußten. Manchmal liest man «Unterbewußtes», ein Begriff, den Freud ausdrücklich abgelehnt hat, weil er unklar sei und räumliche Verhältnisse unterstelle, wo es sich um Erlebnisqualitäten handelt. Freud hat nicht entdeckt, daß es ein Unbewußtes gibt. Das ist ein Wissen, das sich weit zurückverfolgen läßt und bei Schopenhauer und Nietzsche bereits recht ausführlich beschrieben worden ist. Aber er hat Methoden weiterentwickelt und zum Teil neu gefunden, mit deren Hilfe das Unbewußte erforscht werden kann. Er hat den intuitiven und unsystematischen Zugang der Künstler und philosophischen Schriftsteller verändert, ihm die Macht und den Nachdruck der empirischen Wissenschaft verliehen. Das war nicht nur nützlich und fruchtbar, sondern auch gefährlich. Es enthielt ein wohl nicht einlösbares Versprechen, man könne auf diesem Weg die Gewalten des Unbewußten auch *beherrschen*.

Kritiker gehen oft so vor, daß sie den eigenständigen Charakter der Psychoanalyse leugnen und auf diese Weise zu dokumentieren glauben, daß sie nichts taugt. Handelte es sich um einen sinnlich wahrnehmbaren Gegenstand, würde allen die Absurdität dieses Vorgehens auffallen, wie bei einem Autotester, der – weil ihm eine bestimmte Marke nicht zusagt – beschließt, ihre Eignung als Motorboot zu prüfen, und schließlich zu dem Ergebnis kommt, das von ihm geprüfte Fahrzeug sei untauglich. Der besondere Charakter des psychoanalytischen Wissens wird allerdings manchmal von den Analytikern selbst nicht erkannt und nicht beherzigt. Psychoanalytische Aussagen dürfen nicht mit dem Bewältigungs- und Reduktionsanspruch der experimentellen Naturwissenschaft ausgerüstet werden. Das tut zum Beispiel ein Analytiker, der einem Politiker ohne dessen Einwilligung unbewußte Beweggründe oder Charakterstörungen unterstellt, die ihm zum Verhalten dieses prominenten Mannes zu passen scheinen. Das naturwissenschaftliche Prestige wird dadurch gewonnen, daß Naturvorgänge entdeckt und – sobald ihre Gesetzmäßigkeit erkannt ist – auch vorausgesagt werden können. Das würde erfordern, daß Typen oder Klassen von Menschen nach äußeren Merkmalen rasch erkannt und einander zugeordnet werden könnten.

Dies ist nach den Ergebnissen der psychoanalytischen Methode keineswegs der Fall. Leider wird häufig ein Mißbrauch der Psychoanalyse, der auf ungenügender Einsicht in ihre Eigenständigkeit beruht, von den Kritikern mit ihr identifiziert. «Psychoanalytiker werden weiterhin die fürchterlichsten Schnitzer machen, solange sie an ihrem unverschämten und intellektuell lähmenden Glauben kleben, sie besäßen einen ‹privilegierten Zugang zur Wahrheit›.» * Rein mengenmäßig wer-

---

* So der Biologe Sir Peter Medawar 1975, in der Reaktion auf die Fehldiagnose eines Nervenarztes, der einen organisch Kranken mit Psychoanalyse behandelt hatte. Zit. nach Dieter E. Zimmer, Der Aberglaube des Jahrhunderts, in: Die Zeit Nr. 45/1982, S. 21. Zimmers Argumentation enthält die Überzeugung, ein Nobelpreisträger auf einem Fachgebiet sei eine Autorität auf allen anderen; Medawars Vorhaltungen gelten wohl dem hier ausgedrückten Machtanspruch eines «privilegierten Zugangs», der auch für mich ein Ärgernis wäre. Ich finde im Gegenteil, daß der Analytiker um so

den sicher mehr Kranke mit «objektivierenden» chemischen und chirurgischen Mitteln geschädigt als mit den «subjektivierenden» der Psychoanalyse. Aber dennoch ist jeder Versuch problematisch, psychoanalytische Aussagen mit dem Machtanspruch auszurüsten, der in unserer naturwissenschaftlich geprägten Medizin steckt. In diesem Fall schmückt sich die Psychoanalyse, ihrer Identität unsicher, mit des Kaisers neuen Kleidern.

In solcher teils tatsächlicher, teils unterstellter Anmaßung wurzelt auch die Anmaßung der Kritik. Der Psychoanalytiker mit dem Röntgenblick, der jedem Menschen, unabhängig von der analytischen Situation und von einem therapeutischen Vertrag, Komplexe und Verdrängungen nachweisen kann, der schier allwissende Voyeur und Entlarver, ruft die Entlarver des Psychoanalytikers auf den Plan. Wie Hans Jürgen Eysenck schleudern sie ihm den Vorwurf ins Gesicht, seine Methode richte nur Schaden an, seine Theorie erlaube keinerlei Voraussagen.* In der Tat erlaubt die Psychoanalyse nur in der analytischen Situation Voraussagen. Warum ein Mikroskop zerschlagen, weil die Dinge, die es zeigt, nicht auch mit bloßem Auge sichtbar sind? Wieder hinkt der Vergleich, weil die wissenschaftliche Arbeit des Analytikers nicht sinnlich augenfällig ist, nicht technisch nachgeahmt, im Idealfall von einem Apparat übernommen werden kann. Die Macht der Psychoanalyse ist in Wirklichkeit sehr gering. Im Gegensatz zur Reflextheorie

---

besser arbeiten kann, je mehr er weder spezielle Privilegien beansprucht, noch sich auf den allgemeinen Autoritatsvorsprung akademisch diplomierter Experten beruft.

* H. J. Eysenck, Charakterologie, Schichtentheorie und Psychoanalyse. Eine Kritik, in: Bracken, H. von u. David, H. P. (Hrsg.), Perspektiven der Persönlichkeitstheorie, Bern (Huber) 1959, S. 255. Ders. u. G. D. Wilson (Hrsg.), Experimentelle Studien zur Psychoanalyse Sigmund Freuds, Wien (Europaverlag) 1979.

sind psychoanalytische Einsichten bisher noch nie von Diktaturen mißbraucht, als Mittel zu systematischer «Gehirnwäsche» verwendet worden. Die Reflexlehre bietet Instrumente an, die zumindest im Prinzip auch gegen das Einverständnis der Betroffenen funktionieren. Sie teilt die mit experimenteller Disziplin oft nur legitimierte, nicht wirklich in ihr wurzelnde Macht der technischen Naturwissenschaften. Die Psychoanalyse ist anders. Obwohl keineswegs alle Analytiker aus politischer Überzeugung den Faschismus oder Stalinismus abgelehnt haben, ist doch keiner von ihnen zu den machtvollen Positionen in der Behandlung von Nervenkranken (als die in Diktaturen nicht selten auch politische Gegner eingestuft werden) aufgestiegen, die «naturwissenschaftlich» orientierte Nervenärzte oder die Schüler Pawlows gewonnen haben.

Ich sehe darin gewiß keinen Ausdruck einer moralischen Überlegenheit der Psychoanalytiker. An Versuchen, sich bei den Nazis anzubiedern, hat es auch unter ihnen gewiß nicht gefehlt.* Aber die Tatsache, daß sich die Psychoanalyse schlecht dazu eignet, Macht zu stützen und zu rechtfertigen, sollte doch festgehalten werden. Solche historischen Überlegungen können die Unterstellung zurechtrücken, die Psychoanalyse sei nur deshalb erfolgreich, weil sie ihrem Adepten «den vollkommenen Durchblick oder die Illusion eines solchen» verschaffe; «wer mit einigen ihrer Begriffe zu hantieren weiß, signalisiert schon, daß er etwas bis auf den Grund durchschaut hat. Die einzigen Gedankengebäude, die ähnliches leisten, sind der Marxismus und die Religion.»** Es ist kurzsichtig, Omnipotenzgebaren und Machtmißbrauch durch akademisches Geschwätz einer und nur einer wissen-

---

* Regine Lockot, Erinnern und Durcharbeiten. Zur Geschichte der Psychoanalyse und Psychotherapie im Nationalsozialismus, Frankfurt (Fischer) 1985.
** Dieter E. Zimmer, a.a.O., 1982, S. 17.

schaftlichen Disziplin vorzuwerfen, sie gewissermaßen mit ihren Auswüchsen zu vermischen und zu verurteilen. Wer so spricht, macht aus einer bestimmten, ideologisch verhärteten Auffassung von Wissenschaft eine neue, ihrer selbst nicht bewußte und sich selbst nicht kritisierende Religion, die dann genau zu dem unschlagbaren Argument wird, dessen Besitz er seinen Gegnern vorwirft. Mir ist an der Psychoanalyse sympathisch, daß sie sich bisher als ungeeignet erwiesen hat, blutige Glaubenskämpfe oder Gulags zu rechtfertigen; vielleicht gelingt es ihr sogar einmal, sich von den ihr innewohnenden Verführungen zu einem dogmatischen Anspruch zu befreien.

In vielen populären Darstellungen der Psychoanalyse – vor allem in den Freud-Filmen – hat die Entdeckung des Unbewußten etwas Theatralisches. Plötzlich taucht die vergessene Kindheitserinnerung, die verdrängte Phantasie auf, alle Beteiligten sind erleuchtet und erleichtert, das Symptom verschwindet wie ein böser Spuk. Der Wissenschaftler tritt als Varieté-Zauberer auf, der bald die Neutronenbombe, bald die Herztransplantation, in diesem Fall eben den «Komplex» vorweisen kann.

Solange eine Gesellschaft von einer ganzheitlichen, mythisch oder religiös bestimmten Auffassung ihrer selbst bestimmt ist, wird niemand auf den Gedanken kommen, dem Begriff des Unbewußten allzuviel Aufmerksamkeit zu schenken. Erst zwei Umwälzungen, die sich in Europa vollzogen, schufen die Voraussetzungen dazu: die Aufklärung und die bürgerliche Revolution. Die Aufklärer setzten an die Stelle der überkommenen, traditionsgeleiteten und hierarchischen Strukturen die Autorität der persönlichen Vernunft. Ein Modell dafür ist das «ich denke, also bin ich» des René Descartes. Dadurch wurde die emotionale Seite des Menschen gespalten. Es gab erwünschte und unerwünschte, der Vernunft widersprechende Gefühle. Im Gegensatz zu den Bräuchen des Mittelalters wurde es zu einem medizinischen Problem, wenn jemand «unvernünftig» war. Ärzte sollten den Grad dieser Unvernunft beurteilen und Wege finden, mit ihr umzugehen. So wurde die wichtigste Vorstufe der Psychoanalyse entdeckt: die Erforschung der Macht unbewußter Vorstellungen durch Hypnose.

Charcot, der in Paris die wissenschaftliche Neurologie mitbegründet und sich später ausgiebig mit der Hysterie beschäftigt hatte, war aufgefallen, daß die Symptome der Neurose oft eine Art Gegenpersönlichkeit ausdrücken. Fromme Nonnen werden zu verführerischen Kurtisanen, wohlerzogene Knaben zu Gassenbuben.* Freud verwendete zwar zunächst Charcots Methoden, hypnotisierte seine Patienten und versuchte, sie durch eindringliches Zureden wieder gesund zu machen, was ihm in vielen Fällen auch gelang. Aber er war damit nicht zufrieden. Er wollte nicht nur etwas bewirken, sondern verstehen, was vorging. Und er war bereit, über seine eigene Rolle in diesem Erkenntnisprozeß nachzudenken. In seiner ersten «psychologischen» Arbeit aus dem Jahr 1892 teilt er nicht nur mit, wie er eine «hysterische» Symptomatik geheilt habe, sondern auch, was dabei in ihm selbst geschah.

Es ging um eine sonst seelisch gesunde Frau, die bereits vor einigen Jahren ein Kind geboren hatte, aber es trotz besten Willens nicht zustande brachte, dieses auch zu stillen. Nach der zweiten Geburt fand Freud die Wöchnerin hochgradig erregt vor. Sie konnte nichts essen, das Anlegen des Kindes gelang nicht, weil die Brust sie schmerzte, sie fürchtete, wieder zu versagen. Freud gelang es, sie durch «beständiges Einreden der Symptome des Schlafes» in einen hypnotischen Zustand zu versetzen. Dann sagte er ihr: «Haben Sie keine Angst, Sie werden eine ausgezeichnete Amme sein, bei

---

* Jean Martin Charcot, Leçons du Mardi, vol. I, zit. nach S. Freud, Studien über Hysterie, Ges. W. I, S. 14.

der das Kind prächtig gedeihen wird. Ihr Magen ist ganz ruhig, Ihr Appetit ausgezeichnet, Sie sehnen sich nach einer Mahlzeit.»*

Die Suggestion hat Erfolg. Wenn es ihm nur darum ginge, eine wirksame Behandlung zu beschreiben, wäre Freud ein Arzt wie alle übrigen. Aber er beobachtet genauer. Er sieht sich selbst bei seiner Arbeit zu und macht sich Gedanken. Er beschreibt den Ehemann, der fürchtet, die Hypnose würde die Nerven seiner Frau ruinieren. Er teilt freimütig mit, wie es ihn verdrossen habe, daß weder die geheilte Mutter noch einer ihrer Angehörigen später jemals die hypnotische Behandlung erwähnte. Dieser Zug von Selbstreflexion schuf den Abstand, der Freud half, den Hintergrund der rätselhaften Symptome zu entdecken. Was im Alltag gehemmt wird, setzt sich in der hysterischen Erkrankung durch. Nicht Simulation, die den «eingebildeten Kranken» als willkürliches Sich-krank-Stellen immer wieder vorgeworfen wurde, ist die Ursache. Im Gegenteil: die Patienten erkranken, weil sie ein Lebensbild für sich und von sich entwerfen, das zu gut, zu tadellos ist.

Wäre Freud bei den Überlegungen stehengeblieben, die Kritiker der Psychoanalyse als einzig «wissenschaftlich» anerkennen, er hätte sich damit zufriedengegeben, daß seine Patientin gesund wurde, sobald er ihre verkehrte Einstellung zum Stillen durch seine psychische Operation korrigiert hatte. Aber ihn interessierte mehr, *wie* solche Störungen zustande kommen.

«Die Frage: Was wird aus den gehemmten Vorsätzen? scheint für das normale Vorstellungsleben sinnlos zu sein», schreibt er 1892. «Man möchte darauf antworten, sie kommen eben nicht zustande. Das Studium der Hysterie zeigt, daß sie dennoch zustande kommen, das heißt, daß die ihnen entspre-

* S. Freud, Ein Fall von hypnotischer Heilung, Ges. W. I, S. 6.

chende materielle Veränderung erhalten bleibt, und daß sie aufbewahrt werden, in einer Art von Schattenreich eine ungeahnte Existenz fristen, bis sie als Spuk hervortreten und sich des Körpers bemächtigen, der sonst dem herrschenden Ich-Bewußtsein gedient hat.» *

Diese Entdeckung des «Gegenwillens» von 1892 ist die erste Ankündigung einer neuen Umgangsform mit den hysterisch Kranken. Eine von ihnen, Bertha von Pappenheim, in den Fallgeschichten «Anna O.» genannt, schenkte Joseph Breuer zum Dank die Entdeckung der Wirkung solcher «verdrängter» Vorstellungen. Dieser Beziehungsaspekt ist wichtig. Wer sich anmaßt, das Unbewußte deuten zu können wie Worte einer Fremdsprache, die man im Lexikon nachschlägt, wird zu keinen brauchbaren Ergebnissen kommen. Solange die Ärzte hysterisch Kranke wie Simulanten behandelten, konnte keiner den Sinn der Symptome finden. Breuer saß wochenlang jeden Abend am Bett seiner jungen Patientin, die an den verschiedensten Lähmungen, Seh- und Sprachstörungen erkrankt war und eine Zeitlang nicht mehr trinken konnte. Sie mußte saftiges Obst essen, um nicht zu verdursten. Breuer forderte sie auf, in Hypnose davon zu erzählen. Anna O. erinnerte sich an eine Szene, in der ihre Gouvernante einen kleinen Hund aus ihrem Glas trinken ließ – das widerliche Vieh! Damals hatte Anna O. die Gefühle von Ekel und Scham mitsamt der ganzen Szene vergessen. Jetzt erinnerte sie sich daran, drückte ihren Abscheu aus – und verlangte, noch in Hypnose, nach einem Glas Wasser, das sie ohne Schwierigkeiten austrank. Breuer beendete die Hypnose, als sie das Glas noch an den Lippen hatte. Sie litt von jetzt an nicht mehr an diesem Symptom.

Inzwischen wissen wir auch, warum Freud diese Entdeckung weiterverfolgte, nicht Breuer, der sie eigentlich gemacht

* S. Freud, Ein Fall von hypnotischer Heilung, a. a. O., S. 15.

hatte und diese Behandlungsmethode die «kathartische» (von griechisch Katharsis = Reinigung) nannte. Anna O. verliebte sich in Breuer und entwickelte die Phantasie, sie sei von ihm schwanger. Breuers Frau wurde auf die anspruchsvolle Patientin eifersüchtig. Breuer hingegen glaubte lange Zeit, Anna O. sei «asexuell». Als er entdeckte, was sie für ihn (und wohl auch er für sie) empfand, brach er jäh die Behandlung ab und fuhr mit seiner Frau zu einer zweiten Hochzeitsreise nach Venedig. Anna O. wurde verwirrt und desorientiert in ein Sanatorium eingeliefert. (Breuers Frau kam aus Venedig schwanger zurück; das Kind, eine Tochter, beging sechzig Jahre später Selbstmord, um der drohenden Deportation durch die Nazis zu entgehen.)

Eine «technische» Betrachtung dieses Vorfalls ergäbe, daß Breuer etwas falsch gemacht hat. Er hat zuwenig Vorsicht und Distanz walten lassen, sich angesichts einer schweren Geisteskrankheit zuviel zugemutet. Freud betrachtete diese Situation anders. Breuer hatte nicht genügend verstanden, was vorgefallen war. Die Hypnose und die Erfolge kathartischer Auflösungen waren unbestritten. Aber woraus ergaben sich die Rückfälle, die launische Reaktion auf die ärztlichen Bemühungen? Freud besaß mehr Selbstdistanz und Selbstironie als Breuer. Er begriff, daß diese Form der ärztlichen Arbeit grundsätzlich anders war als alles, was man sonst in Klinik und Praxis lernen und anwenden mochte. «Das Verfahren ist mühselig und zeitraubend für den Arzt», sagte er. «Es setzt ein großes Interesse für psychologische Vorkommnisse und doch auch persönliche Teilnahme für den Kranken bei ihm voraus. Ich könnte mir nicht vorstellen, daß ich es zustande brächte, mich in den psychischen Mechanismus einer Hysterie bei einer Person zu vertiefen, die mir gemein und widerwärtig vorkäme, die nicht bei näherer Bekanntschaft imstande wäre, menschliche Sympathie zu erwecken, während ich doch die Behandlung eines Tabikers oder Rheumatikers unabhängig von solchem persönlichen Wohlgefallen halten kann.»*

Das ist die erste Erwähnung der seelischen Einstellung des Therapeuten zum Patienten, die später als «Gegenübertragung» beschrieben worden ist. Die Erforschung des Unbewußten ist nicht aus der kühlen Distanz des experimentellen Naturforschers heraus möglich. Gleichzeitig aber zeigt Breuers Schicksal, daß eine neue Art von Distanz notwendig ist, die nicht auf einer vorgefertigten, festlegbaren Technik beruht, sondern auf einem vertieften Verständnis der Beziehung zum Patienten. «Ein guter Teil der Kranken, die für solche Behandlung geeignet wären, entzieht sich dem Arzte, sobald ihnen die Ahnung aufdämmert, nach welcher Richtung sich dessen Forschung entwickeln wird. Für diese ist der Arzt ein Fremder geblieben.» **

Der Arzt darf also die übliche Vermeidung einer vertraulichen Beziehung nicht hinnehmen, wenn er den Kranken helfen will, die an ihrem «Gegenwillen», ihren der bewußten Anpassung feindlichen Neigungen leiden. Er wäre dann zu sehr Teil einer Gesellschaft, die eine Verdrängung dieser Vorstellungen und Gefühle erzwungen hat. Nur wenn die Beziehung zu ihm so eng wird wie zu einem vertrauten Familienangehörigen, vor dem man sich öffnen und frei aussprechen kann, weil er keine von der Öffentlichkeit geforderte Maske erwartet, kann das Unbewußte erforscht werden. «Bei anderen, die sich entschlossen haben, sich dem Arzte zu überliefern und ihm ein Vertrauen einzuräumen, wie es sonst nur freiwillig gewährt, aber nie gefordert wird, bei diesen anderen, sage ich, ist es kaum zu vermeiden, daß nicht die persönliche Beziehung zum Arzte sich wenigstens eine Zeitlang un-

* S. Freud, Zur Psychotherapie der Hysterie, Ges. W. I (1895), S. 264.
** S. Freud, Zur Psychotherapie der Hysterie, a.a.O., S. 265.

gebührlich in den Vordergrund drängt; ja, es scheint, als ob eine solche Einwirkung des Arztes die Bedingung sei, unter welcher die Lösung des Problems allein gestattet ist.»*

Freud beschreibt hier noch in einer alltagsnäheren Sprache, was später «Widerstand» und «Übertragung» genannt werden wird. Ich halte es für eine seiner größten Entdeckungen, den Zusammenhang zwischen dem Enträtseln des Unbewußten und der persönlichen Beziehung zwischen Analytiker und Analysand gesehen und festgehalten zu haben. Was ihm, im Gegensatz zu Breuer, diese kritische Distanz ermöglicht hat, läßt sich schwer sagen. Es waren wohl mehrere Motive: seine wissenschaftliche Erziehung, sein literarisches Talent, das ihm die Fähigkeit gab, das von anderen Ärzten übersehene und mißachtete Umfeld ihrer Tätigkeit auf den Begriff zu bringen und damit systematisch in seine Arbeit einzubeziehen, endlich das Interesse des an Diskriminierung leidenden Juden für die ebenfalls an Diskriminierung gewöhnten hysterischen Patientinnen. Ich beschreibe diese Entdeckung Freuds deshalb so eingehend, weil sie hilft, die Eigenart der Psychoanalyse zu verstehen. Da es um Beziehung und Emanzipation geht, kann sie als Therapiemethode keine völlig rationale Technik (im Sinn eines Teils der Naturwissenschaften als einer auf Physik und Mathematik gegründeten «Einheitswissenschaft») sein. Eine der üblichen medizinischen Techniken, die Carl Lesche «Machiavellische Technik» nennt, weil ihr Prinzip sei: «Der Zweck heiligt die Mittel», ist sie ebenfalls nicht.**

---

* S. Freud, Zur Psychotherapie der Hysterie, a. a. O., S. 265.
** Puristische oder rationale Technik nimmt Lesche dort an, wo Handeln unterbleibt, das nicht durch naturwissenschaftliche Gesetze legitimiert wird. Die Machiavellische Technik in der Medizin wird deshalb eingesetzt, weil Gesundheit und Leben so hoch bewertet sind, daß man nichts unversucht lassen wird, um sie zu

Die Psychoanalyse hat eine Frage in ihren wissenschaftlichen Charakter aufgenommen, die von ihren positivistischen Kritikern verdrängt wird. Wer dogmatisch eine Wissenschaft vom Menschen nur als Naturwissenschaft verstehen kann, sollte auch sehen, daß aus der Sicht der Technik der Mensch manipulierbar ist. Psychotherapie als naturwissenschaftlich legitimierte Technik ist nicht möglich, weil sich das menschliche Subjekt nicht restlos objektivieren läßt.

Nur die auf Absichten, Ziele und Bedeutungen hin orientierten Sätze der klassischen Humanwissenschaften (wie der Geschichte) können den Erfahrungen eines Menschen gerecht werden. Menschen reagieren nicht gleichförmig und regelmäßig auf äußere Reize; sie antworten auf bedeutungsvolle Reize, so wie sie diese verstehen, mit bedeutungsvollen Handlungen. Ein engagierter und interessierter Zuhörer wird deshalb andere Persönlichkeitszüge eines Menschen kennenlernen als beispielsweise ein distanzierter, unbeteiligter Forscher oder ein Tonbandgerät.

Die Psychoanalyse entstand, als Freud sich nicht mehr damit zufriedengab, mit den damaligen, nicht naturwissenschaftlich, sondern empirisch («machiavellisch») fundierten Techniken der Hypnose, Elektro- und medikamentösen Therapie die Leiden von neurotisch Erkrankten zu behandeln. Er wollte vielmehr verstehen, warum sie erkrankt waren. Weil seine Entdeckungen in eine Zeit des großen Aufschwungs der Naturwissenschaften fielen (und er selbst ein qualifizierter Neuropathologe war), formulierte Freud diesen hermeneutischen, auf das Verständnis der Konflikte der Kranken hin orientierten Ansatz naturwissenschaftlich. Er hat die Hoffnung auf eine Einheitswissenschaft nie völlig aufgegeben, obwohl er bald keine konkreten Verbindungen zwischen der

---

erhalten. Vgl. Carl Lesche, Die Notwendigkeit einer hermeneutischen Psychoanalyse, in: Psyche 1/1986, S. 53.

Hirnanatomie und seelischen Instanzen wie Ich, Es und Über-Ich mehr suchte. Ein traditionelles, am «gesunden Menschenverstand» orientiertes hermeneutisches Vorgehen gewann durch Freuds Begriffe vom «Gegenwillen», von der «Verdrängung», der «Konversion» (das heißt: dem Umschlag gehemmter Libido in körperliche Symptome) neue Möglichkeiten.

Der Analytiker kann durch seine Fähigkeit, den Prozeß begrifflich zu ordnen und damit in begrenztem Umfang übersichtlich zu machen, den Patienten in seinem Deutungs- und Verständnisvorgang unterstützen. Die psychoanalytischen Begriffe sind aber selbst keine therapeutischen Hilfsmittel, im Gegenteil. Wo sie der Analysand erlernt und erklärend auf sich selbst anwendet, findet keine Entwicklung statt. Das Ergebnis sind vielfältige Selbstetikettierungen. Personen, die ihre Symptome mit Begriffen wie Über-Ich, Ödipus-Komplex, Größenselbst, Symbiosebedürfnis beschreiben, gewinnen aus diesen Worten meist keinen Impuls zur Veränderung und keine kreative Distanz, sondern eine Rechtfertigung ihres Verhaltens und eine (trügerische) Überlegenheit. Man könnte von einem sekundären Analysegewinn sprechen, analog zu jenem sekundären Krankheitsgewinn, der beispielsweise die sogenannten Rentenneurosen* zu einem schwer lösbaren Problem macht.

Die quasi-naturwissenschaftliche Begriffsbildung Freuds bildet eine Antithese zu dem Alltagsverstehen, das Symptome wie eine hysterische Blindheit oder einen Waschzwang nur

---

* Wenn ein Kranker von seiner Genesung wirtschaftliche oder soziale Nachteile zu erwarten hat – zum Beispiel den Verlust einer Rente, die Rückkehr an die Front oder in eine belastende Familiensituation, ist eine Behandlung nur möglich, wenn vorher eine Entscheidung über diesen Gewinn aus der Krankheit getroffen werden kann.

«verrückt», das heißt unverständlich finden und auf Erbanlagen oder bösen Willen zurückführen kann. Aber diese Begriffe dürfen nicht mit einem naturwissenschaftlichen Erklärungssystem verwechselt werden. Der Analysand wird nicht zu einem Objekt im Sinn der Physik oder Chemie gemacht. Er wird auf Distanz gebracht, denn nur so kann er zum Forschungspartner des Psychoanalytikers werden.*

* Carl Lesche, a.a.O., S. 64.

2
Die Deutung

«Träume sind Schäume», las ich in der Tiroler Tageszeitung vom 1. März 1986. Zwischen der Computerecke und den Ionentriebwerken fürs Weltall hatte ein Anonymus einen Angriff auf die Psychoanalyse gestartet. «Sigmund Freud, der Wiener Urvater aller Tiefenpsychologen, glaubte fest an die Bedeutsamkeit unserer Träume. Im Traum werden wir, so meinte er, in verschlüsselter Form für ein paar Augenblicke der verborgenen Abgründe unseres Inneren gewahr. Die moderne Traumforschung sieht das nun aber anders. Für die meisten Wissenschaftler sind Traumdeutungen nicht mehr wert als der Unsinn, das Geschick des Menschen aus dem Kaffeesatz zu lesen.»

Dem Leser wird ein Fortschritt der Wissenschaft suggeriert, den der Glanz technischer Fortschritte beleuchtet. Der moderne Mensch verläßt sich nicht auf seinen Kopf, sondern auf seine Instrumente: «Mit Hilfe von Traumlabors und Testschläfern wurde herausgefunden, wie wir träumen. Nach diesen Erkenntnissen sendet das Stammhirn, der entwicklungsgeschichtlich primitivste Teil unseres Denkapparats, in der Traumphase ein chaotisches und nur vom Zufall bestimmtes Trommelfeuer von Stromimpulsen an das Großhirn aus –

dorthin also, wo beim Menschen Verstand und Bewußtsein sitzen. Träume sind also nichts anderes als ein Versuch des Gehirns, sich mehr schlecht als recht einen Reim auf Reize zu machen, die von unten, dem Stammhirn, auf es einprasseln.»

Ich habe den Vergleich mit dem Chemiker erwähnt, der aus einer Analyse der Bestandteile eines Flugzeugs auf dessen Flugfähigkeit schließen möchte. Der Glaube, durch Untersuchungen in physiologischen Labors Aufschluß über die Bedeutung von Träumen zu gewinnen, ist ähnlich begründet. Ob die Tests einen oder tausend Wissenschaftler beschäftigen, ob die Elektronik eine Million oder eine Milliarde gekostet hat, die Ergebnisse sind in jedem Fall in einem anderen Bereich angesiedelt als in dem, den die Psychoanalyse erforscht.

Nun vermutet auch die Psychoanalyse, daß Traumerlebnisse mit der Art zu tun haben, wie im Schlaf Triebwünsche erlebt und verarbeitet werden. Die Verbindungen zwischen Großhirn und «Bewußtsein», Stammhirn und «Trieb» sind in der Neurologie lange bekannt. Aber solche Modelle treffen nur einen Teilbereich. Die historische Deutung eines Sachverhalts darf physikalischen Gesetzen nicht widersprechen; dennoch löst sich Geschichte nicht in Physik auf. Die Angewohnheit, alles auf den «Zufall» zurückzuführen, was nicht mit physikalisch-chemischen Gesetzen erklärt werden kann, enthält keinen Gewinn an wissenschaftlicher Disziplin, sondern nur einen Verlust an möglicher Erkenntnis. Es ist, als ob ein Wissenschaftler die bisherigen Formen der Geschichtsschreibung verwirft und ermittelt, daß sich 1805 in vielen Ländern Europas zahlreiche Menschen in französischen Militäruniformen bewegten, sich 1820 aber diese Uniformen nur noch in einem eng begrenzten Areal fanden.

Nun würde ein Historiker, der sich für die Napoleonischen Kriege interessiert, niemals eine Erklärung finden wollen, die solchen Zahlen widerspricht. Aber gleichzeitig würde er zahlreiche Bedeutungszusammenhänge erschließen, die sich nicht mehr mit mathematischen Mitteln darstellen lassen. Der Rekonstruktionsprozeß des Historikers und der Prozeß einer analytischen Traumdeutung lassen sich noch in anderer Hinsicht vergleichen. In beiden Fällen wird von Tatsachen ausgegangen, die empirisch faßbar sind, aber kritisch geprüft werden müssen, weil sie vielleicht Teile der Wahrheit (an die man sich immer nur annähern kann, die man aber nie völlig erreichen wird) verschweigen oder entstellen. Der Geschichtsschreiber darf sich zum Beispiel nicht auf nur eine von mehreren verfügbaren Quellen stützen, er muß Parteinahmen beurteilen können (wenn beispielsweise ein General Napoleons über dessen Feldzüge schreibt), und er muß schließlich, wo die Quellen Lücken haben, diese durch seine Deutungen überbrücken. Oft kann dann erst weitere Forschung klären, ob solche Deutungen richtig waren – verlorene Dokumente, vergessene Augenzeugenberichte, eine unter Schutt vergrabene Inschrift beweisen oder widerlegen dann, was er vermutet hat.

Das volkstümliche (und manchmal von unkritischen Psychoanalytikern bestätigte) Vorurteil gegen die analytische Deutung bezieht sich auf ihren möglichen Mißbrauch: auf Willkür und versteckte Machtausübung. Wenn zum Beispiel ein Oberarzt auf einer psychotherapeutischen Station in einer Auseinandersetzung mit einer Krankenschwester nicht mehr weiterweiß, mag es geschehen, daß er die gemeinsame Ebene der Auseinandersetzung verläßt. Weil er hier keine Argumente mehr findet, wechselt er geschickt die Rolle, hüllt sich in den Mantel des psychoanalytischen Propheten und sagt zu seiner Widersacherin, sie solle doch ihre Autoritätsproblematik, ihre Vaterübertragung und ihren Ödipuskomplex bearbeiten.

Wenn die Schwester mit dem erwarteten Respekt auf diese bedeutungsschweren Worte reagiert, dann hofft unser wildgewordener Analytiker, daß sie ihm seine Dienstverfehlungen nicht mehr vorhalten, sondern die eigene Persönlichkeit in

Frage stellen wird. Leider trifft auch für die Psychoanalyse der Satz zu, daß ein Mensch, der Macht gewinnt, immer Gefahr läuft, sie zu mißbrauchen. Das gilt selbst für die bescheidene Macht, welche die Kenntnis analytischer Theorien und Deutungsansätze gewährt. Immerhin bietet die Psychoanalyse auch Möglichkeiten, diesen Machtmißbrauch zu verstehen und zu kritisieren.

Der wildgewordene Analytiker in unserem Beispiel fällt hinter eine Erkenntnis zurück, die Freud aus der Arbeit mit seinen Patientinnen gewann. Sie besagt, daß die Krankheitserscheinungen dem Verständnis nur dann zugänglich werden, wenn eine vertrauensvolle Beziehung zum Therapeuten besteht. Deutungen dürfen nicht von einem überlegenen Analytiker einem widerstrebenden Patienten aufgenötigt, sondern nur im Einverständnis mit diesem gefunden werden.

Die Psychoanalyse kann am besten aus der Situation verstanden werden, in der sie entstand. Diese wurde durch Interessen Freuds bestimmt, die über seine Absicht hinausgingen, einem Patienten zu helfen. Er wollte ihn darüber hinaus verstehen. Das brachte mit sich, daß er sich nicht mit einer insgesamt recht brauchbaren Behandlungstechnik wie der Hypnose zufriedengab. Freud versuchte, Forschung und Heilung *zusammen* weiterzubringen. Das hieß auch, daß er das Unbewußte nicht benutzen durfte wie die Magnetiseure und Hypnotiseure vor ihm. Er wollte es in seiner Gesetzmäßigkeit erforschen. Das ging nur mit der Einwilligung und Mitarbeit des Patienten, der damit aus seiner herkömmlichen Rolle als Gegenstand ärztlicher Bemühungen heraustrat.

So entstand die Verbindung von Therapie und Forschung, die der Psychoanalyse bis heute eigentümlich ist. Wer keinen Zugang zu ihr findet, wer nur heilen (oder geheilt werden) oder nur forschen (oder erforscht werden) will, wird auch die Psychoanalyse wenig nützlich finden. Diese Verbindung führt dazu, daß die Beziehung zwischen dem Analytiker und dem

Patienten zu einem hochwichtigen Thema wird, während sonst die wissenschaftliche Bemächtigung eines Sachverhalts die Beziehung zu diesem ausklammert, ihrer emotionalen Seite beraubt und reine Zweckmäßigkeit übrigläßt.

Ein Beispiel dafür ist die Filmszene in «E. T.», wo die Schüler, statt – wie geplant – die Frösche zu töten und zu sezieren, sich auf ihre emotionale Beziehung zu den Amphibien besinnen und sie freilassen. Scheinbar sind ein Chaos, ein Schock die Folge. Der Lehrplan wird durchkreuzt. Aber tatsächlich wird etwas anderes gelernt, das dem psychoanalytischen Modell nähersteht.

Ich verweile so hartnäckig bei diesem Thema, weil die meisten Mißverständnisse, Vorbehalte und Überschätzungen der Analyse dadurch entstehen, daß es vernachlässigt wird. Wenn die Gastgeberin zwischen der Fleischspeise und dem Nachtisch den anwesenden Psychoanalytiker bittet, doch den rätselhaften Traum zu deuten, den sie – welch glücklicher Zufall! – gerade letzte Nacht hatte, dann ordnet sie ihn jenen Technikern zu, die immer ihr Kunststück parat haben. Sagt der Analytiker ja und versucht scherzhaft sein Glück, dann gerät er in die Rolle des Hofnarren, die nicht jedermann liegt. Sagt er nein, dann ist er wieder der Geheimniskrämer, von dem Fragen und Bitten abprallen wie von einer Gummiwand.

Aus einem Hollywoodfilm ist mir ein Analytiker in Erinnerung geblieben, der seine Opfer, ob sie nun wollten oder nicht, mit Hilfe einer Art Judogriff auf ein Sofa beförderte und mit Fragen oder Deutungen überhäufte. Er wäre ein Hinweis darauf, daß es auch den Therapeuten nicht leichtfällt, sich genügend vom Nimbus des mächtigen Technikers zu distanzieren, der heute den Chirurgen das meiste Ansehen unter den Ärzten verleiht. Aber der Widerstand, den der Analytiker zu überwinden hat, ist von ganz anderer Art als der, mit dem der Chirurg ringen muß.

Dessen Fertigkeit richtet sich darauf, mit einem möglichst

passiven (in der Regel narkotisierten) Patienten etwas möglichst gut zu machen. Der Analytiker hingegen soll seinen Patienten möglichst gut dazu bewegen (ihn «motivieren»), alles zu sagen, was ihm Aufschluß über sein Innenleben gibt. Das heißt, daß der Widerstand, den die Umstände der Arbeit des Chirurgen entgegensetzen, vor allem durch dessen Aktivität überwunden werden muß. Der Widerstand, mit dem der Analytiker rechnet, weicht eher dessen Geduld, dessen Bereitschaft, den Klärungsprozeß bei seinem Patienten in Gang zu setzen und geschehen zu lassen.

Freud ging von der Hypnose aus, in der das Erinnerungsvermögen auf eine launische Weise gesteigert ist. Als er feststellte, daß nur wenige seiner Patienten einen genügend tiefen (den sogenannten «somnambulen», dem Zustand des Schlafwandlers ähnlichen) Zustand der Hypnose erreichten, gab er nicht auf, sondern suchte auf andere Weise zu den «eingeklemmten Affekten» vorzudringen. Seit Breuers Beobachtungen an Anna O. vermutete er, daß in ihnen die Wurzel zu den hysterischen Symptomen steckte. Er erinnerte sich daran, daß die angebliche Erinnerungslosigkeit nach einer solchen tiefen Hypnose nicht so lückenlos ist, wie es von ihrer eigenen Geheimniskrämerei bezauberte Hypnotiseure gerne schildern. Bernheim* hatte die hypnotischen Phänomene ihrer Verbindung mit dem «tierischen Magnetismus» beraubt und auf Einbildungen infolge von eigenen (Autosuggestion) oder fremden Einflüsterungen zurückgeführt. Derselbe Bernheim gestand Freud bei einem Besuch, daß er seine besten Hypnose-Erfolge bei den Patienten seiner Ambulanz erzielte – also den Angehörigen der Arbeiterschicht; Privatpatienten wurden damals vorwiegend zu Hause behandelt.

---

* Hippolyte Bernheim, 1837–1919, der Begründer der französischen Suggestionstheorie und einer der bekanntesten Hypnotiseure seiner Zeit.

Freud war auf diese schwer hypnotisierbaren Privatpatienten angewiesen, die ihre bürgerliche Bildung und ihre weit stärkeren Neigungen, dem Arzt kritisch gegenüberzutreten, nicht selten für die suggestive Unterwerfung ungeeignet machten. So fing Freud an, den entspannt auf einer Couch liegenden Kranken, die sich nicht genügend hypnotisieren ließen, leicht auf die Stirn zu drücken und ihnen beschwörend zu sagen, das erste, was ihnen einfiele – und sei es äußerlich noch so belanglos – führe unweigerlich zu den Ursachen ihrer Symptome.

Freud hat die Analyse höher geschätzt als die Suggestion. Er vergleicht sie mit Gold, während er die Hypnose dem Kupfer zuordnet. Aber der Wert von Metallen ist keine absolute Größe. Er wird gesellschaftlich festgelegt. So dürfte es mit dem Gold der Analyse und dem Kupfer der Suggestion auch sein. Bis heute streiten sich beide um die Vormacht. In den vom Psychoboom hochgeschätzten Therapiemethoden wie der Urschreibehandlung, der Gestalttherapie oder dem neurolinguistischen Programmieren herrscht das Kupfer vor. Aus Kupfer lassen sich lauter tönende Fanfaren oder Gongs fertigen, vielfältigere Legierungen. Das Gold der unverfälschten, «tendenzlosen» Analyse setzt weitgehend von materieller Not befreite Individuen voraus, von denen das eine genug Geld hat, sich relativ viel der Zeit des anderen zu kaufen, und genügend kritische Geschäftsfähigkeit, um sich auf einen langfristigen Prozeß der lebensgeschichtlichen Selbstaufklärung einzulassen. Unter diesen günstigen Umständen ist es möglich, die unweigerlich mit diesem Unternehmen einhergehenden zwischenmenschlichen Abhängigkeiten nicht manipulativ einzusetzen (und sei es im Dienst der Heilung), sondern sie, soweit es geht, aufzulösen.

Die Hypnose überspringt die Deutung. Sie wirkt nicht über den Intellekt auf das Gefühl, sondern sucht dieses unmittelbar zu verändern. Sie läßt sich mit dem Versuch vergleichen, ein wildes Land zu erschließen, indem man Flugplätze baut. Man kommt rasch zum Ziel, ist aber von vielen Zufällen abhängig und gewinnt nur ein sehr oberflächliches Wissen über den Aufbau und die natürlichen Verhältnisse in dem nach wie vor weglosen Gebiet. Die analytische Deutung hingegen ist der Arbeit eines Forschungsreisenden vergleichbar, der langsamer vordringt, aber weiß, woher er kommt und wohin er geht. Der Hypnotiseur spricht *zu* den Kranken, der Analytiker *mit* ihnen. In den Berichten der bekannten Hypnose-Ärzte hören die Kranken zu und verlieren ihre Symptome, weil sie glauben, was ihnen gesagt wird, und tun, was verlangt wird. In Freuds Krankengeschichten entsteht ein Dialog. Der Analytiker hilft den Patienten, ihre Geschichte zu erzählen, in der es Lücken gibt wie die weißen Flecke auf einer Landkarte. Er hilft, diese Lücken zu schließen, indem er darauf besteht, daß der Kranke alle notwendigen Informationen besitzt, ohne um sie zu wissen. Als Beispiel will ich hier eine der Geschichten Freuds aufgreifen, in der seine novellistische Begabung deutlich hervortritt: Katharina...*

In den Ferien des Jahres 189... machte ich einen Ausflug in die Hohen Tauern, um für eine Weile die Medizin und besonders die Neurosen zu vergessen. Es war mir fast gelungen, als ich eines Tages von der Hauptstraße abwich, um einen abseits gelegenen Berg zu besteigen, der als Aussichtspunkt und wegen seines gut gehaltenen Schutzhauses gerühmt wurde. Nach anstrengender Wanderung oben angelangt, gestärkt und ausgeruht, saß ich dann, in die Betrachtung einer entzückenden Fernsicht versunken, so selbstvergessen da, daß ich es erst nicht auf mich beziehen wollte, als ich die Frage hörte: «Ist der Herr ein Doktor?» Die Frage galt aber mir und kam von dem etwa achtzehnjährigen Mädchen, das mich mit ziemlich mürrischer Miene zur Mahlzeit bedient hatte und von der Wirtin «Katharina» gerufen worden war. Nach ihrer

---

* S. Freud, Studien über Hysterie, Ges. W. I, S. 184 f.

Kleidung und ihrem Betragen konnte sie keine Magd, sondern mußte wohl eine Tochter oder Verwandte der Wirtin sein.*

Ich zitiere diese Eröffnung, weil sie das ausgeprägte szenische Gefühl Freuds ebenso zeigt wie seine Selbstdistanz. Er schildert seine leidenschaftliche Beschäftigung mit den Neurosen, von der er loskommen möchte, die ihn aber doch – halb zog sie ihn, halb sank er hin – bis auf die Berghütten verfolgt:

> Da war ich also wieder bei den Neurosen, denn um etwas anderes konnte es sich bei dem großen und kräftigen Mädchen mit der vergrämten Miene kaum handeln. Es interessierte mich, daß Neurosen in der Höhe von 2000 Metern so wohl gedeihen sollten, ich fragte also weiter...**

Die Darstellungsform, die sich an novellistischen Vorbildern orientiert und über weite Strecken den freien Dialog mit der in ihrem Dialekt genau erfaßten Katharina enthält, ist mehr als ein Stilmittel. Sie zeigt, wie Freud seine Arztrolle benutzt, um in eine neuartige Form des Umgangs mit neurotischen Symptomen einzutreten. Er sieht sich selbst und den Patienten aufeinander bezogen handeln; er be-handelt nicht einen von ihm in medizinischer Nomenklatur erfaßten Kranken. Daher ist sein anfänglicher Kunstgriff, sich als Wanderer darzustellen, der die Medizin im allgemeinen und die Neurosen im besonderen vergessen will, auch kein bloßer Zufall. Sie drückt eine entscheidende Neuerung aus, die mit einer Rückgewinnung und Reintegration künstlerischer Erfahrungsformen in die Heilkunde einhergeht.

Katharina klagt über heftige, anfallartige Atemnot, verbun-

---

* S. Freud, a.a.O., S. 184.
** S. Freud, a.a.O., S. 185.

den mit Todesangst und der Erscheinung eines «grauslichen Gesichts», das sie nicht erkennt. Sie weiß nicht, woher diese Anfälle kommen, aber sie kann Freud sagen, wann sie zuerst aufgetreten sind. Das war vor zwei Jahren. Freud vermutet, daß diese Angst Folge des «Grausens» ist, «das ein virginales Gemüt befällt, wenn sich zuerst die Welt der Sexualität vor ihm auftut».* Er sagt also: «Wenn Sie's nicht wissen, will ich Ihnen sagen, wovon ich denke, daß Sie Ihre Anfälle bekommen haben. Sie haben einmal, damals vor zwei Jahren, etwas gesehen oder gehört, was Sie sehr geniert hat, was Sie lieber nicht möchten gesehen haben.»**
Diese Frage enthält also eine Deutung, überläßt aber Katharina, selbst zu finden, was Freud vermutet. Solche Vorgehensweisen kennzeichnen die psychoanalytische Art, mit dem Widerstand umzugehen, der einem Gespräch über Fragen im Weg steht, die im Alltagsbewußtsein als peinlich und ungehörig gelten. Natürlich könnte Freud über seine Vermutung sprechen, daß Katharinas Angst mit einem Erschrecken über eine verfrühte Begegnung mit der Sexualität der Erwachsenen zusammenhängt. Aber die Gefahr ist groß, daß diese aus einem autoritativ angewandten Expertenwissen gegebene Mitteilung das Mädchen erschrecken und ihr Widerstreben verstärken würde. Der Verzicht auf eine solche Bevormundung ist keine Manipulation, um ein vorgefertigtes Ergebnis zu erhalten, sondern eher ein Versuch, möglichst offen für die jeweils einzigartige Situation des Gesprächspartners zu bleiben. Der Analytiker setzt die in ihm gereifte Deutung nicht ein, um Katharinas Selbsterforschung zu ersetzen oder sie abzuschließen, sondern um sie zu fördern und ihr Anstöße zu geben, in Richtungen zu suchen, die sie sonst vermeidet.
Katharina hat tatsächlich etwas gesehen, was sie sehr er-

* S. Freud, a.a.O., S. 186.
** S. Freud, a.a.O., S. 187.

schreckt hat und woran sie sich nur ungern erinnert. Sie überraschte an einem Nachmittag, als ihre Tante ausgegangen war, den Onkel mit dem Dienstmädchen im Bett. Damals spürte sie auch zuerst die Atemnot. Sie war erschrocken und hat alles vergessen, was damals in ihr vorging. Freud sagt: «Fräulein Katharin', wenn Sie sich jetzt erinnern könnten, was damals in Ihnen vorgegangen ist, wie Sie den ersten Anfall bekommen haben, was Sie sich dabei gedacht haben, dann wäre Ihnen geholfen.»

Dieser erste Versuch, der Verdrängung entgegenzuwirken, mißlingt. Katharina weiß nichts mehr. Dennoch ist ihr Interesse geweckt. Sie erzählt weiter, kommt plötzlich auf andere Ereignisse, die sich früher abspielten, als sie erst vierzehn Jahre alt war und der Onkel nachts in ihre Schlafkammer kam. Sie wußte nicht genau, was er wollte, sie spürte etwas an ihrem Körper, aber sie wußte nicht was. Solche Szenen gab es öfter, vor allem, wenn der Onkel betrunken war. Wenn sie sich wehrte, schalt er sie ein dummes Ding, das nicht wisse, was gut sei. Ein andermal schlief sie mit Onkel und Dienstmädchen in einem Zimmer, erwachte wegen eines Geräusches und sah, wie der Onkel von dem Mädchen wegrückte. Mit dem Onkel wurde es später ganz schlimm. Die Tante entdeckte das veränderte Wesen des Mädchens, fragte nach und brachte endlich die ganze Geschichte heraus. Jetzt gab es wüste Szenen, Beschimpfungen und endlich die Trennung. Die Tante übernahm eine andere Gastwirtschaft, der Onkel blieb bei dem indes schwangeren Dienstmädchen.

> Nachdem sie diese beiden Reihen von Erzählungen beendigt, hält sie inne. Sie ist wie verwandelt, das mürrische, leidende Gesicht hat sich belebt, die Augen sehen frisch drein, sie ist erleichtert und gehoben. Mir aber ist indessen das Verständnis ihres Falles aufgegangen; was sie mir zuletzt anscheinend planlos erzählt hat, erklärt vortrefflich ihr Benehmen bei der Szene der Entdeckung. Sie trug

damals zwei Reihen von Erlebnissen mit sich, die sie erinnerte, aber nicht verstand, zu keinem Schlusse verwertete; beim Anblick des koitierenden Paares stellte sie sofort die Verbindung des neuen Eindrucks mit diesen beiden Reihen von Reminiszenzen her, begann zu verstehen und gleichzeitig abzuwehren. Dann folgte eine kurze Periode der Ausarbeitung, «der Inkubation», und darauf stellten sich die Symptome der Konversion, das Erbrechen als Ersatz für den moralischen und physischen Ekel ein. Das Rätsel war damit gelöst, sie hatte sich nicht vor dem Anblick der beiden geekelt, sondern vor einer Erinnerung, die ihr jener Anblick geweckt hatte, und alles erwogen, konnte das nur die Erinnerung an den nächtlichen Überfall sein, als sie «den Körper des Onkels spürte».*

Freud teilt ihr diese Vermutungen mit; Katharina bestätigt, sie habe sich vor dem Einfall geekelt, der Onkel tue nun mit dem Dienstmädchen, was er damals mit ihr habe tun wollen. Nur die Halluzination des «grauslichen Kopfes» ist noch nicht aufgeklärt. Aber die junge Patientin hat jetzt Geschmack an der Sache gefunden. Ihr fällt bei Freuds Nachfragen ein, der schreckliche Kopf sei doch ihr Onkel, nicht während der Schlafkammerszene, sondern später. Während der Scheidung bedrohte er Katharina, wollte sie schlagen und rief ihr mit wutverzerrtem Gesicht zu, sie sei an allem schuld.

Erst rund dreißig Jahre später, in einem 1924 angefügten Zusatz, erläutert Freud, der «Onkel» Katharinas sei in Wirklichkeit ihr leiblicher Vater gewesen. Der traumatische Charakter der Verführungsversuche und der elterlichen Trennung wird daraus sehr viel verständlicher. Während im verschlüsselten Text unklar bleibt, weshalb das Mädchen so wenig Schutz bei den eigenen Eltern fand, daß es den ärztlichen Touristen ansprechen mußte, wird nun Freuds Bedeutung faßbar. Wer die schwerwiegenden Folgen für die sexuelle Entwicklung und die Selbstsicherheit bei Frauen kennengelernt hat, die in ihrer

* S. Freud, a. a. O., S. 191.

Kindheit den Angriffen eines trunksüchtigen Vaters ausgesetzt waren, wird seine Zweifel haben, ob Freuds Gespräch auf der Bergwirtschaft Katharina dauerhaft geholfen hat. Aber solcher Optimismus ist dem Entdecker der Psychoanalyse ohnehin fremd. Er sagt vorsichtig am Ende seiner Erzählung: «Ich hoffe, die Aussprache mit mir hat dem in seinem sexuellen Empfinden so frühzeitig verletzten Mädchen in etwas wohlgetan; ich habe sie nicht wiedergesehen.»* Das hysterische Symptom soll in eine Sprache übersetzt werden, die dem stummen Opfer neue Wege erschließen kann. Zwischen den Zeilen wird noch deutlich, daß Freud aus seinem Wohlwollen und seinem Interesse kein Hehl macht: so mag Katharina mehr Mut fassen, andere Erfahrungen mit Männern zu suchen als die kränkende mit ihrem Vater.

An der Geschichte mit Freuds Treffen mit Katharina läßt sich vielleicht auch zeigen, wie der Unterschied zwischen Wissen und Einsicht entsteht. Psychoanalytische Arbeit mit einem Menschen zielt darauf ab, ihm mehr Einsicht zu vermitteln. Das ist etwas anderes, als psychoanalytisches Wissen weiterzugeben. Mit seinem Wissen hätte Freud kurzangebunden zu Katharina sagen können: «Mein Fräulein, Symptome wie die Ihren treten auf, wenn sexuelle Bedürfnisse vor der Zeit und in abstoßender Weise Ihre Person überfordern. Sie müssen sich das klarmachen und versuchen, möglichst bald ein befriedigendes Geschlechtsleben zu führen, dann werden Ihre Angstzustände verschwinden.»

Es ist wohl unmittelbar «einsichtig», daß eine solche Äußerung Katharina wenig hätte nützen können. Wahrscheinlich wäre sie erschrocken weggelaufen, hätte nur wenig verstanden und dieses Wenige alsbald vergessen. Dennoch ist es nicht leicht, den Unterschied zwischen Wissen und Einsicht zu erkennen. Man ist versucht, Metaphern zu suchen: Wissen ist

* S. Freud, a. a. O., S. 193.

«tot», Einsicht ist «lebendig»; Wissen kann ohne eine Gefühlsbeziehung vermittelt werden, Einsicht nicht. Aber bei näherem Hinsehen wird auch deutlich, daß gerade die hier versuchte Differenzierung eher in das Reich des Wissens gehört: Vorhersagen, Klassifizierungen, eine feste Ordnung.

Zwei junge Männer lesen Hamlet. Beide können nachher eine Inhaltsangabe verfassen. Aber der eine ist tief bewegt und spricht manche Verse noch tagelang nach, während der andere gleichgültig bleibt. Die erste Erfahrung würden wir eher der Einsicht zuordnen, die zweite dem Wissen. Die Einsicht scheint etwas für den Betroffenen Einzigartiges, das Wissen hingegen die Wiederholung eines längst bekannten Musters. Solche Überlegungen führen dazu, den Zweifel zu verstärken, ob die Psychoanalyse jemals eine humanwissenschaftlich begründete «Behandlungstechnik» sein kann, wenn sie schon (wie wir gesehen haben) keine naturwissenschaftlich begründbare Technik ist. Das technische Wissen des Analytikers steht zu dem Ergebnis seiner Arbeit in einem anderen Verhältnis als das Wissen des Handwerkers über Werkzeuge, Stahl und Holz oder das Wissen des Arztes über krankhafte Veränderungen der Körperzellen und die Wirkungen von Arzneimitteln. Ich finde einen Vergleich mit dem Wissen des Bildhauers über Ton, Bronze und Marmor oder mit dem Wissen des Dichters über Versmaß und epische Form treffender.

Der Analytiker sollte danach streben, nicht die individuelle Geschichte des Patienten auf einen «Komplex» zu reduzieren, sondern sie aufgrund seiner Kenntnis solcher unbewußten Zusammenhänge in ihrer Einzigartigkeit möglichst deutlich zu entwickeln. Das heißt auch, daß der Analytiker, wenn er seinen Beruf erlernt, auf andere Formen der Unterweisung zurückgreifen muß als der Techniker oder der naturwissenschaftlich orientierte Arzt. Er braucht ein Vorbild, das ihm den Mut zu seiner eigenen Entwicklung macht. Für ihn ist die Kenntnis der eigenen Fehler nützlicher als das Wissen um alle erdenklichen fremden Tugenden. Das ununterbrochene Interesse an der Persönlichkeit Sigmund Freuds drückt wohl solche Bedürfnisse aus. Weil der Begründer der Psychoanalyse seine Vorstellungen immer weiterentwickelt hat und sich selbst häufig widerspricht, ergänzt, aber auch kritisiert, bietet er ein Modell, eine ganz eigene Auffassung von Analyse zu entwickeln. Er regt den künftigen Analytiker an, sich selbst immer wieder in Frage zu stellen.

Die Problematik von Einsicht und Wissen hängt eng mit der gesellschaftlichen Rolle der Psychoanalyse zusammen, mit ihrem kulturkritischen Ansatz, der sie in Opposition zu den damals gängigen Formen der ärztlichen Autoritätsausübung, der moralischen Belehrung durch einen Priester oder der rationalen Pädagogik brachte. Alle diese Formen der Opposition sind immer wieder in Gefahr verlorenzugehen. Die Analyse wird dann zu einer medizinischen Technik. Sie schafft neue, schwer durchschaubare Moralismen (beispielsweise «durchanalysiert» zu sein, «offen und echt») oder fällt in einem bürokratisierten Ausbildungssystem hinter die eigenen methodischen Grundsätze des Lernens und Lehrens zurück. Aber bis heute ist der kreative Impuls in der Psychoanalyse nicht verlorengegangen. Die verwirrende Vielfalt therapeutischer Metaphern drückt diese Lebendigkeit aus. Sie sollte nicht als technischer Fortschritt im gewohnten Sinn (etwa der Entwicklung von Explosionsmotoren, die mehr leisten und weniger verbrauchen) ausgegeben werden, sondern als Ausdruck einer schöpferischen Kraft der Psychoanalyse, die Leiden der Menschen unserer Zeit immer neu zu formulieren und damit zu deren Verständnis und Linderung beizutragen.

3
Freie Einfälle

Die kathartische Vorgehensweise beruhte darauf, durch Hypnose die Erinnerungsfähigkeit zu steigern, um belastende Erlebnisse aufzufinden. Die eingeklemmten Affekte sollten durch Rückbesinnung abreagiert werden. Der Analytiker glich dem Chirurgen, der Eiter aus einem Abszeß entleert und die Heilung dadurch einleitet, daß er den freien Abfluß aller Sekrete ermöglicht. Und er glich dem Tragödiendichter, der nach Aristoteles' Beschreibung Mitleid und Furcht erweckt und dadurch den Zuschauer reinigt. Das neurotische Symptom drückt eine Stauung aus, gehemmte Energie. Sobald diese wieder frei fließen kann, verschwindet es.

Dieses freie Fließen des Stroms der Gefühle, Gedanken und Empfindungen kehrt in der Methode der freien Assoziationen wieder, die bis heute das wesentlichste Werkzeug der Psychoanalyse geblieben ist. Ein erster Schritt auf dem Weg zu dieser Entdeckung war die Erkenntnis, daß die Erlebnisse des Kranken wichtig sind, keine belanglosen Anhängsel eines nervösen Degenerationsprozesses. Ein zweiter war Breuers Hinweis auf die Bedeutung der nicht zum Erleben zugelassenen Vorstellungen und Gefühle. Ein dritter war Bernheims Feststellung, daß die angeblich unzugänglichen, verschlossenen Bereiche der hypnotischen Erinnerungslosigkeit keineswegs so versiegelt sind, wie von ihren magischen Fähigkeiten verzauberte Hypnotiseure glauben machen. Oft erinnert sich ein Opfer dieser posthypnotischen Amnesie durchaus, wenn ihm nur eindrücklich genug versichert wird, das sei möglich. Freud nutzte diesen Hinweis Bernheims so, daß er seinen schwer hypnotisierbaren Privatpatienten die Hand auf die Stirn legte und sie aufforderte, genau das zu sagen, was in diesem Augenblick in ihrem Erleben auftauche.

Als Freud schließlich auch die letzte Verbindung mit dieser kathartisch-hypnotischen Frühphase durchtrennte, indem er seinen Patienten nicht mehr beschwörend zuredete und ihnen die Hand auf die Stirn legte, war die Methode der freien Einfälle geboren. Sie machte schlagartig deutlich, was in der Hypnose nicht erfaßt werden konnte: Es gibt einen Widerstand, durch den der Zugang zum Unbewußten erschwert wird. Freud hat die Methode der freien Einfälle zuerst auf seine eigenen Träume angewandt; er glaubte damals noch, daß man aus ihnen alles lernen kann, was ein Analytiker wissen muß:

> Man kann die Deutungsarbeit an eigenen Träumen wie an denen anderer vollziehen. An eigenen lernt man sogar mehr, der Vorgang fällt beweisender aus. Versucht man dies also, so bemerkt man, daß sich etwas der Arbeit widersetzt. Man bekommt zwar Einfälle, läßt sie aber nicht alle gewähren. Es machen sich prüfende und auswählende Einflüsse geltend. Bei dem einen Einfall sagt man sich: Nein, das paßt nicht dazu, gehört nicht hierher, bei einem anderen: das ist zu unsinnig, bei einem dritten: das ist ganz nebensächlich, und man kann ferner beobachten, wie man mit solchen Einwendungen die Einfälle, noch ehe sie ganz klar geworden sind, erstickt und endlich auch vertreibt.*

---

* S. Freud, Vorlesungen zur Einführung in die Psychoanalyse, Studienausgabe Bd. I, Frankfurt (Fischer) 1969, S. 129.

Wie viele geniale Neuerungen ist auch das Kernstück der Psychoanalyse zugleich höchst einfach und sehr schwierig – kurzum: ein Paradox. Nichts scheint einfacher, als sich treiben zu lassen, unterschiedslos vom Hundertsten ins Tausendste dem Strom der Vorstellungen und Gefühle zu folgen. Ist es nicht widersinnig, Stunden über Stunden einen hochbezahlten Experten dafür zu mieten, daß er einem erklärt, wo ein so schlichtes Vorhaben durch Sperren, Zensur und Widerstand gestört wird? Der Kranke soll in einem Zustand ruhiger Selbstbeobachtung alles mitteilen, was ihm einfällt: Gefühle, Gedanken, Erinnerungen, in eben der Reihenfolge, in der sie auftauchen. Er soll dabei nichts suchen, nur finden, keinen Plan verfolgen und keine Absicht, er soll nichts ausschließen, was zu unwichtig, zu unangenehm, zu indiskret scheint, was nicht hierhergehört oder sinnlos wirkt.

Freud selbst hat die Grundregel anfangs suggestiv durchgesetzt; er sagte seinen Patienten, je genauer sie sich an sie halten könnten, desto rascher und sicherer trete der Erfolg der Behandlung ein.* Solche Versprechungen werden heute wohl seltener gegeben. Sie orientieren die Analyse zu sehr am Erfolg eines Aufklärungsprozesses, lassen stützende, ichaufbauende Aspekte weniger zu und entfalten einen Leistungsdruck, der auf den (Lehr-)Analysanden der Gegenwart viel schwerer lastet als auf den Patienten Freuds.

Als ich in meiner Lehranalyse zum erstenmal das Wort «Widerstand» hörte, zuckte ich zusammen. Schließlich wollte ich doch keinen Widerstand haben, sondern mich dem Unternehmen der Selbsterforschung mit einer Gewissenhaftigkeit widmen, welche der meines Analytikers nicht nachstand, ja sie womöglich übertraf. Es kostete mich einige Mühe, mir klarzuwerden, daß solche bewußte Absicht nicht gemeint war, sondern eine dem Willen unzugängliche Abwehr. Meine damalige

* S. Freud, Vorlesungen, a. a. O., S. 236.

Betroffenheit hat mich sehr vorsichtig gemacht, Worte wie «Widerstand» und «Abwehr» in den Mund zu nehmen. Wir leben in einer ganz anderen Epoche als Freud. Nicht nur der angehende Therapeut, auch der durchschnittliche Patient ist vorinformiert und intellektuell oft eher für als gegen die Analyse eingenommen, was seine Fähigkeit zur freien Assoziation kaum weniger beeinträchtigt. Er widerstrebt beispielsweise nicht mehr, den verdrängten Ödipuskomplex aufzufinden, sondern ist meist über sich selbst enttäuscht, wenn er ihn nicht entdecken kann. Gefälligkeitseinfälle aufgrund eines wie auch immer gearteten Vorverständnisses widersprechen dem Sinn der freien Einfälle jedenfalls ebenso wie energisches Gegensteuern – «ich denke gar nicht daran, über meine Beziehung zu Ihnen zu sprechen; alle Patientinnen verlieben sich in ihre Analytiker, ich bin doch nicht so blöd, das zu tun...»

Ich sagte vorhin, daß Freud mit dem Verzicht auf die Berührung der Stirn des Patienten den Schritt von der hypnotischen Katharsis zur Analyse vollzogen hat. Aber die suggestive oder «magnetische» Berührung war nicht das letzte Überbleibsel aus dieser Zeit: das bequeme Ruhebett, die Couch des Analytikers ist bis in unsere Tage erhalten geblieben. Die Couch erleichtert die freien Einfälle insofern, als sie dem Analysanden den Blick auf den Analytiker nimmt und ihn in eine Position bringt, die dem Dösen und Träumen näher ist als den Schreibtischen und Konferenzgesprächen des Alltags. Sie erleichtert es auch dem Analytiker, ungezwungen zu lauschen, auf die Resonanzen zu achten, die das Sprechen des Kranken in ihm auslöst.

Liegen oder sitzen?

Dennoch ist die Couch kein Markenzeichen, sondern nur ein Requisit. Auf ihr zu liegen gewährleistet nicht, daß wirklich ein analytischer Entwicklungsprozeß stattfindet; andrerseits ist es blanker Unsinn, wenn nicht-analytische Psychotherapeuten behaupten, das im Sitzen geführte Zwiegespräch drücke aus, daß sie ihren Klienten mehr Gleichberechtigung angedeihen ließen als die Analytiker. Weil Freud einmal gesagt hat, er vertrage es nicht, neun Stunden am Tag angestarrt zu werden, wird die Couch manchmal einer bärbeißigen Menschenscheu des Gründervaters angelastet, als gäbe es keine anderen, wohlerwogenen Gründe.

Ob es daran liegt, daß es in der Psychotherapie keine vorzeigbaren Instrumente und Apparate gibt, wenn dem «setting» – Couch oder Nichtcouch, das ist hier die Frage – bereits einige tausend Literaturseiten gewidmet worden sind? Die darin vorgetragenen Erkenntnisse lassen sich so zusammenfassen: Je fester der Analysand in der Realität verwurzelt ist, je mehr er dazu neigt, tatkräftig und rational die Welt anzugehen, desto nützlicher ist ihm die Couch. Sie bringt ihn aus seiner gewohnten, vertikalen Lage heraus, wo er den Kopf immer oben behält, und gibt ihm Anreize, ins Grenzenlose zu schweifen, wo sein Blick sich doch sonst immer am Naheliegenden orientiert. Wer sich rasch auf Menschen einstellen und es ihnen klug recht machen kann, ist ebenfalls mit der Couch gut bedient. Er wird sich nicht an der Miene des Analytikers orientieren und dadurch eher sein eigenes Unbewußtes als die Erwartungen seines Therapeuten auffinden. Der Lagewechsel in der Analyse signalisiert: Ende des Alltags, Beginn einer neuen, noch nicht dagewesenen Situation. «Es ist wie beim Zahnarzt: früher ist man gesessen, jetzt liegt man, aber gebohrt wird immer», seufzte einmal einer meiner Patienten zu Beginn der Stunde.

Man sagt Katzen nach, daß sie sich mehr ans Haus gebunden fühlen als an ihren Herrn. Das ist wahrscheinlich falsch, aber es weist doch darauf hin, daß Geborgenheit auch mit Raum und Atmosphäre zusammenhängt, nicht nur mit persönlicher Zuwendung. Die analytische Situation hat solche Seiten. Sie kann zu einem bergenden, Halt gebenden Rahmen werden, in dem die Ängste und Hemmungen zurücktreten, das Ungesagte oder bisher Unsagbare auszusprechen. Ich bin mit meinen Patienten öfter umgezogen und habe immer wieder beobachtet, wie ein neuer Raum mit einem ungewohnten Fenster einige störte, während er andere scheinbar gleichgültig ließ. Die Störung drückt wohl aus, daß die nicht in der Person des Analytikers wurzelnden Eigenschaften des Settings als vertraut und vertrauenstiftend erlebt werden. Ein extremes, aber einleuchtendes Beispiel dafür sind jene sogenannten autistischen Kinder, die einerseits ihre Eltern nie durch ein Lächeln grüßen und wie lästige Hindernisse zur Seite schieben, andrerseits aber mit panischer Angst reagieren, wenn sich ein Gegenstand in ihrem vertrauten Spielzimmer nicht an seinem gewohnten Platz befindet.

Nicht immer ist die Couch nützlich. Ich arbeitete einmal mehrere Jahre mit einer Frau, die bereits einen Versuch mit einer psychoanalytischen Behandlung hinter sich hatte. Sie war zu dem Analytiker gegangen, den ihr eine Freundin empfahl. Dieser forderte sie auf, sich auf die Couch zu legen und ihre freien Einfälle zu äußern. Sie kannte ihn kaum, empfand Angst und schwieg. Er schwieg ebenfalls. Zweimal verliefen die Stunden so, daß nur zur Begrüßung und zum Abschied einige Worte gewechselt wurden. Ein drittes Mal ging sie nicht mehr hin. Als sie viele Jahre später zu mir kam, war die Angst wieder da. Ich pflege niemandem die Liegeposition zu empfehlen, der mir nicht den Eindruck macht, er hätte den Sinn dieser Maßnahme verstanden und könne sie ohne allzuviel Angst befolgen. Bei dieser Frau hing es wohl mit einer heftigen Verlustangst zusammen, daß sie ein Gegenüber brauchte. Sie hatte noch im Kleinkindalter den Vater durch den Krieg verloren; als sie in die Pubertät kam, erkrankte ihr Bruder an Knochenkrebs und starb. In dieser Situation verlangte ihre Mutter von ihr, ein fröhliches, problemloses Kind zu sein, der Sonnenschein in der Finsternis. Zu einem Menschen über ihre Ängste und Depressionen zu sprechen, war also für diese Frau höchst bedrohlich – schließlich hatte ihre Mutter es nie ertragen.

«Widerstände dieser Art dürfen nicht einseitig verurteilt werden», sagt Freud.* «Sie enthalten soviel von dem wichtigsten Material aus der Vergangenheit des Kranken und bringen es in so überzeugender Art wieder, daß sie zu den besten Stützen der Analyse werden, wenn eine geschickte Technik es versteht, ihnen die richtige Wendung zu geben... Wir wissen, daß diese Widerstände zum Vorschein kommen müssen; wir sind nur unzufrieden, wenn wir sie nicht deutlich genug hervorrufen und dem Kranken nicht klarmachen können. Ja, wir verstehen endlich, daß die Überwindung dieser Widerstände die wesentlichste Leistung der Analyse und jenes Stück der Arbeit ist, welches uns allen zusichert, daß wir etwas beim Kranken zustande gebracht haben.»

So gesehen leistete der frühere Analytiker meiner Patientin durchaus die eine Hälfte. Er hatte die Widerstände deutlich genug hervorgerufen. Leider blieb es dabei. Er hatte die Belastbarkeit und vielleicht auch den Leidensdruck der Patientin über- bzw. unterschätzt und sie dadurch in einem schlechteren Zustand als vor diesem Therapieversuch zurückgelassen. Aber vielleicht haben die bisherigen Erwägungen Geduld und Urteilskraft meiner Leser soweit gestärkt, daß sie nicht in blinder Empörung diesen Analytiker verurteilen, weil er herzlos und ungeschickt gehandelt hat. Die Psychoanalyse ist eine gute

* S. Freud, Vorlesungen, a. a. O., S. 289.

Schule, vorschnelle Urteile aufzuschieben und sich immer wieder die mehrdeutigen Folgen unseres Handelns bewußtzumachen. Der strenge und abweisende Analytiker gibt der Patientin Möglichkeiten, sich abzuhärten, verwöhnungsfrei sich selbst zu begegnen und ihren Widerstand kennenzulernen. Er nimmt ihr den Schutz und die Zuwendung, welche sie wohl brauchen würde, um sich mit den Belastungen ihrer Lebensgeschichte auseinanderzusetzen. Wer will behaupten, mit letzter Genauigkeit zu wissen, ob dieses Verhalten wirklich nur schädlich war, ob es nicht meiner Patientin Gelegenheit gab, ihre unsichere Motivation zur Analyse zu prüfen und sich schneller zu entscheiden, als es in einem rücksichtsvolleren, verwöhnenden Zwiegespräch der Fall gewesen wäre?

Solche Fragen werden sich nie mit absoluter Sicherheit beantworten lassen. Ihr Sinn liegt eher darin, Deutungsprozesse nicht voreilig durch ein entschlossenes Urteil abzubrechen. Die Patientin, von der ich eben berichtet habe, bearbeitete im Sitzen unter anderem eben jenen Widerstand, der sie bei ihrem ersten Analyseversuch zum Schweigen gebracht hatte. Eines Tages erzählte sie einem befreundeten Arzt, der sich ebenfalls mit Psychoanalyse beschäftigte, von ihrer Behandlung bei mir. «Was soll das!» sagte jener. «Nur eine Stunde pro Woche, und nicht einmal im Liegen! Das kannst du vergessen, da werden ja nur deine Widerstände gepflegt, und ändern wird sich nichts!» Sie berichtete erbittert von dieser Aussprache, wobei mir zunächst nicht ganz klar war, ob diese Verbitterung nur ihrem besserwisserischen Bekannten und nicht insgeheim auch mir galt.

In einer seiner vielen schönen Metaphern hat Freud die Analyse mit einer chirurgischen Operation verglichen, zu der Ruhe, Abgeschiedenheit und die Hilfe einer Gruppe notwendig sind, welche dem Arzt bei dem Eingriff assistiert. Wie wäre es, fragt er dann weiter, wenn man neidischen Kollegen des Chirurgen erlauben würde, in das Operationsfeld zu spucken, oder wenn aufgeregte Angehörige dabeistünden, gewärtig, dem Helfer an die Gurgel zu springen, wenn er etwas tut, was sie nicht verstehen?

Regression und Objektverlust

Wer sich entspannt und ohne Blickkontakt treiben läßt, nähert sich älteren, urtümlicheren Erlebnisformen. Er kehrt zurück zu seinen Ursprüngen, zur Kindheit, zu den frühen Erinnerungen. Diesen Vorgang nennt man Regression. Unter Objektverlust hingegen versteht man ein innerseelisches Geschehen, das teilweise meist vorübergehende Einbußen an wichtigen, orientierenden Erlebnisstrukturen mit sich bringt. Die von Melanie Klein entworfene, von Margret Mahler und anderen fortentwickelte Entwicklungspsychologie beruht auf der Annahme, daß die seelische Orientierung des Menschen eng mit der Verinnerlichung eines «guten Objekts» zusammenhängt. Das Kind muß sozusagen genügend oft erlebt haben, daß seine Bezugspersonen einigermaßen zuverlässig seine Bedürfnisse befriedigen. Dann bildet es durch Introjektion (Verinnerlichung) des guten Objekts eine seelische Grundlage für seine mitmenschlichen Bindungen aus. Es kann beispielsweise eine Trennung von der Mutter ertragen und sich auf das Wiedersehen mit ihr freuen, eben weil es die Mutter nie ganz verliert, wenn sie geht, sondern den verinnerlichten Teil, sozusagen das innere Bild der guten Mutter behält.

Die psychoanalytische Entwicklungspsychologie ist viel komplizierter als diese vereinfachte Darstellung ahnen läßt; Teil-Objekte (gute Milch – giftige Milch, gute Brust – schlechte Brust) spielen in ihr eine wichtige Rolle; Verschmelzungsphasen wechseln mit Loslösungs- und Trennungsperioden ab. Aber die Bedeutung des Objektverlustes und der Regression läßt sich unabhängig von solchen Feinheiten verstehen. Die in der Analyse gewünschte und durch das Liegen auf der Couch geförderte Regression soll im Dienst der Realität bleiben – eine vorübergehende Entspannung, die das vernunftbestimmte Ich nicht ganz auflöst, sondern seine Kontrollmacht nur soweit schwächt, daß es der sonst meist unterdrückten, von Bildern und Wünschen, von unzensierten Gefühlen und wilden Phantasien bestimmten Seite der Person mehr Raum läßt. Aber was auf diese Weise an Material gefördert wird, darf nicht das realitätsorientierte Ich überwältigen; wie das Feuer im Herd zwar den Braten garen, aber nicht die Möbel in Brand stecken sollte. Der Patient muß fähig sein, eine nützliche Ich-Spaltung aufrechtzuerhalten, die ihn sagen läßt: «Ich erlebe zwar jetzt Haß oder Liebe gegenüber meinem Analytiker, aber diese Gefühle sind vielleicht ein Teil meiner Neurose, ich will versuchen, dahinterzukommen.»

Freilich sind solche ausgleichenden Erwägungen nicht jederzeit abrufbar. Oft bleiben Phantasien, welche den Fortgang der Analyse ernsthaft gefährden, wochenlang bestehen und widersetzen sich einer Auflösung. Aber schließlich gelingt es doch, sie zu verstehen. Aus solchen Krisen geht das «Arbeitsbündnis», wie man die realistische, mit den Zielen der Analyse übereinstimmende Vereinbarung zwischen Analytiker und Analysand nennt, gestärkt hervor. Der analytische Prozeß gleicht einer Gratwanderung. Vergißt der Patient nie, daß er einem unparteiischen Fachmann in Sachen Selbsterforschung gegenüberliegt, dann ist die Analyse unergiebig; erinnert er sich überhaupt nicht mehr daran, wird sie unmöglich.

Helene Deutsch beschreibt in ihrer Autobiographie[*], wie sie während ihrer Lehranalyse bei Freud nach einer Sitzung vor den Auslagen eines Wiener Geschäftshauses stand und heiße Tränen über die arme Frau Professor vergoß, die jetzt allein

---

[*] Helene Deutsch, Selbstkonfrontation, München (Kindler) 1975.

zurückbleiben müsse, denn zweifellos werde Freud sich scheiden lassen und sie, das Fräulein Deutsch, heiraten. Wenn solche Wünsche in der analytischen Situation bearbeitet werden können, gewinnt die Patientin einen Eindruck von der Macht des Unbewußten und lernt sich selbst besser kennen. Aber es kann auch geschehen, daß eine Patientin zwar solche Phantasien entwickelt, aber nicht über sie spricht, sondern das neutrale Verhalten des Analytikers in ihrem Sinn deutet (etwa als Prüfung ihrer Liebe), die Behandlung abbricht und in dem Wahn weiterlebt, der Geliebte werde sich alsbald zu ihr bekennen. In diesem Fall hat eine bösartige («maligne») Regression die Kräfte des realitätsorientierten Ich überfordert. Wo solche Entwicklungen zu erwarten sind, weil Selbstkritik und Kontaktfähigkeit einen Patienten nicht vor der Gefahr einer Überschwemmung durch unbewußtes Material schützen, ist es sinnvoll, im Sitzen zu arbeiten. Das führt dem Analysanden eher vor Augen, daß er nicht zwischen den Kulissen seiner Phantasiewelt lebt, sondern stundenweise eine psychotherapeutische Praxis aufsucht, in der ein Psychologe oder Arzt nur mit Wasser kocht und kleine Brötchen backt.

Freilich kann ich mir nicht vorstellen, daß bösartige Regressionen allein dadurch aufgehalten werden können. Technische Äußerlichkeiten spielen für den Ausgang einer Analyse keine besonders wichtige Rolle. Wesentlich sind sie vielleicht als Signale, zum Beispiel für die Gesprächsbereitschaft des Analytikers, wenn es dem Patienten schwerfällt, mit Eigenheiten der Therapiesituation zurechtzukommen. Ob der Analysand sitzt oder liegt, ist also relativ belanglos gegenüber der Frage, ob er auf Einfühlung und Interesse rechnen kann, wenn er über seine Schwierigkeiten – sei es mit dem Liegen, sei es mit dem Sitzen – sprechen will.

Der Glaube an ein für allemal richtige Techniken, die nicht mehr diskutiert werden dürfen, scheint mir den Grundsätzen der analytischen Methode zu widersprechen. Während viele psychiatrisch und diagnostisch engagierte Psychoanalytiker ausführlich über die Indikation zur Psychoanalyse im Liegen mit zwei bis fünf Wochenstunden, zur Psychotherapie im Sitzen mit ein bis zwei Wochenstunden geschrieben haben, hat Freud seine knappen Überlegungen zu diesem Thema schließlich durch eine Anekdote wieder aufgehoben. Sie plädiert für den Vorrang der Tat gegenüber der Überlegung. Man muß es ausprobieren! Zur Illustration erzählt Freud die Geschichte von der unfehlbaren Hexenprobe des schottischen Königs. Er nahm einen großen Kessel, kochte darin die Frau und kostete die Suppe. Dann wußte er, es war eine Hexe oder es war keine.

Freilich ist die analytische Situation so beschaffen, daß Analytiker und Analysand gemeinsam in diesen magischen Kessel steigen müssen. Wenn sie sich miteinander auf die analytische Situation einlassen und kompromißbereit bleiben, werden sie sich auch einigen können, ob sie lieber im Sitzen oder im Liegen, mit vielen oder mit wenigen Wochenstunden arbeiten wollen, wieviel Regression verarbeitet, wieviel Objektverlust in Kauf genommen werden kann.

4
Übertragung und Widerstand

Wer lernen will, ein Auto zu steuern, erfährt zu seinem Leidwesen, daß immer dann, wenn er seine ganze Aufmerksamkeit auf eine schwierige Handlung richten möchte, eine andere, ebenso wichtige Aufmerksamkeit beansprucht. Er muß gleichzeitig bremsen und lenken, schalten und Gas geben, so lieb es ihm wäre, wenn er jedesmal das widerborstige Fahrzeug zum Stillstand bringen könnte, um in Ruhe über den nächsten nötigen Handgriff oder Fußtritt nachzudenken. Später vergißt der Autofahrer diese mühevollen Anfänge und wundert sich, wie ungeschickt sich Neulinge am Steuer anstellen. Ist doch nichts einfacher, als gleichzeitig die Lenkung einzuschlagen, auszukuppeln und Gas zu geben!

Wenn unser Autofahrer nun die Psychoanalyse kennenlernen will, so nützt ihm vielleicht dieser Vergleich. Auch hier geschehen viele Dinge wie selbstverständlich gleichzeitig. Die freien Einfälle, Widerstand und Übertragung, die Deutungen des Analytikers, die Träume und Symptombildungen des Patienten hängen alle voneinander ab, ohne daß man in einer Beschreibung anders vorgehen kann, als sie getrennt zu untersuchen. Wie angenehm wäre es, sich zunächst ganz auf den Widerstand zu konzentrieren und die Übertragung außer acht zu lassen, vielleicht gar in der Hoffnung, später die Übertragung analysieren zu können, ohne sich um den Widerstand kümmern zu müssen!

Solche Hoffnungen erfüllen sich nicht. Die Entwicklung der Psychoanalyse läßt sich mit einem Bergwerk vergleichen, dessen wertvollste Erze sich in dem Gestein finden, das für ein störendes Hindernis gehalten und zum Abraum geworfen wurde. In Freuds frühen Schriften wird noch deutlich, wie er den Widerstand und später die Übertragung für lästige Hemmnisse auf dem Weg zur Erforschung des Unbewußten hielt, wie er sich zunächst über sie ärgerte, später aber sah, daß in ihrer Verwertung für die Ziele der Therapie der stärkste Einfluß der Psychoanalyse liegt. Mit dem Problem der «Gegenübertragung», das heißt der noch nicht analysierten und dem Ich unterstellten Anteile in der Beziehung des Analytikers zu seinem Klienten, ging Freud zeit seines Lebens so um, daß er sie eher als ärgerliches Hindernis denn als nützliches Hilfsmittel auffaßte.

Wie Freud sich über den Widerstand seiner Analysanden geärgert hat, läßt sich noch bis in die zwanziger Jahre hinein verfolgen, vor allem anhand der Metaphern, die er wählt. Da ist viel von Polizei, Justiz und Indizienbeweis die Rede. Immer ist der Analytiker in der Rolle des Detektivs oder gar des Richters. Den Wunsch eines Analysanden, über bestimmte Dinge nicht sprechen zu müssen (etwa bei einem politischen Geheimnisträger), vergleicht Freud gar mit einem Asylrecht für Verbrecher. Wie sich alle Gauner der Stadt gerade dort versammeln, wo sie nicht dingfest gemacht werden können, so solle sich der Analytiker nicht wundern, wenn sich in einem solchen Fall alle Widerstände im Schutz dieses Geheimnisses verstecken.*

Die Wirkungsmöglichkeiten der Psychoanalyse sind relativ beschränkt. Sie kann nicht die erblichen Dispositionen verän-

---

* S. Freud, Vorlesungen, a. a. O., S. 287.

dern, die Freud durchaus gesehen hat*, und nicht den Einfluß der frühen Kindheitserlebnisse ungeschehen machen. Sie vermag nicht die äußeren Belastungen durch Armut, Familienzwist und unglückliche Partnerwahl auszulöschen, noch kann sie dem guten Rat vertrauen, sexuelle Befriedigung sei das Allheilmittel für die Neurose. Ihre therapeutische Möglichkeit liegt darin, das bisher Unbewußte durch Bewußtes zu ersetzen und damit den ungelösten Widerstreit zwischen vorbewußten (das heißt: bewußtseinsfähigen) und unbewußten Regungen einer neuen Entscheidung zuzuführen. Ehe sozusagen die Konfliktpartner nicht auf einer Ebene sind, kann ihre Auseinandersetzung nicht entschieden werden. Dabei genügt es nicht, daß der Analytiker einfach sein Wissen über das Unbewußte des Patienten diesem vorsagt. Es wäre kein Weg, Unbewußtes durch Bewußtes zu ersetzen, sondern nur ein Mittel, das fremde Bewußte des Analytikers neben das fortbestehende Unbewußte des Kranken zu setzen. Um wirklich die Verdrängung aufzuheben, ist Einsicht in ihre Tätigkeit und Entstehung notwendig, die vor allem durch die Beseitigung des Widerstandes gewonnen werden kann.

Dieser *Widerstand* hängt nun von Anfang an mit der *Übertragung* zusammen. Beides sind hochwichtige, aber auch sehr weite Begriffe. Mit beiden kann Schindluder getrieben werden. Dieser Mißbrauch ist für das Ansehen der Psychoanalyse gefährlicher als jeder intellektuelle Einwand gegen die Macht des Unbewußten. Der beste Schutz gegen solchen Mißbrauch scheint ein genaues Verständnis, das an konkreten Szenen geschult ist. Wie beschreibt Freud die Übertragung?

---

* S. Freud, Vorlesungen, a. a. O., S. 415.

Wir bemerken... daß der Patient, der nichts anderes suchen soll als einen Ausweg aus seinen Leidenskonflikten, ein besonderes Interesse für die Person des Arztes entwickelt. Alles, was mit dieser Person zusammenhängt, scheint ihm bedeutungsvoller zu sein als seine eigenen Angelegenheiten und ihn von seinem Kranksein abzulenken. Der Verkehr mit ihm gestaltet sich demnach für eine Weile sehr angenehm; er ist besonders verbindlich, sucht sich, wo er kann, dankbar zu erweisen, zeigt Feinheiten und Vorzüge seines Wesens, die wir vielleicht nicht bei ihm gesucht hätten. Der Arzt faßt dann auch eine günstige Meinung vom Patienten und preist den Zufall, der ihm gestattet hat, gerade einer besonders wertvollen Persönlichkeit Hilfe zu leisten... Der Patient wird zu Hause nicht müde, den Arzt zu loben, immer neue Vorzüge an ihm zu rühmen. «Er schwärmt für Sie, er vertraut Ihnen blind; alles, was Sie sagen, ist für ihn wie eine Offenbarung», erzählen die Angehörigen. Hie und da sieht einer aus diesem Chorus schärfer und äußert: Es wird schon langweilig, wie er von nichts anderem spricht als von Ihnen und immer nur Sie im Munde führt.*

In dieser Darstellung faßt Freud verschiedene Seiten der Übertragung zusammen, die sich auch in der praktischen Arbeit meist vermischen. Der Patient verhält sich wie ein Verliebter. Er idealisiert den Analytiker, das heißt, er verlegt die besten Seiten seiner selbst, sein Bild von geistiger, moralischer, selbst körperlicher Vollkommenheit in ihn. Er saugt begierig die neuen Erkenntnisse auf und identifiziert sich mit ihnen; der Analytiker wird zu einer neuartigen moralischen Instanz, zum besten, erträumten Lehrer und Erzieher. Aber auch der Arzt bleibt nicht unbeeindruckt: er fängt seinerseits an, den Patienten zu idealisieren. Die Angehörigen verhalten sich ambivalent. Neben jenen, welche die Bewunderung konstatieren, vielleicht auch teilen, machen sich Rivalen bemerkbar, die nicht mittun wollen, wenn der Analytiker soviel Einfluß und Ansehen gewinnt.

* S. Freud, Vorlesungen, a. a. O., S. 423.

Freud nannte die Beziehung, welche den Analysanden für den Einfluß von seiten des Therapeuten zugänglich macht, schlechthin «Übertragung», genauer: «positive Übertragung». Er wirkt darin schlichter, aber keineswegs undifferenzierter als die technischen Anweisungen der Gegenwart, in denen Ralph Greenson* versucht, genau zwischen «Arbeitsbündnis» – der realitätsorientierten Beziehung zwischen einem hilfesuchenden Klienten und einem psychoanalytischen Experten – und «Übertragung» zu unterscheiden, die wiederum in positive (wohlwollende), negative (feindselige), idealisierende (bewundernde) Mutter- oder Vater-Übertragung und viele andere Formen zerlegt wird. Auch diese sind allerdings immer noch viel zu grob, um auch nur *einen* Einzelfall angemessen zu beschreiben.

Ich sehe solche Einteilungen nicht nur als Fortschritt. Sie drücken auch ein Mißtrauen in die Fähigkeit des Analytikers aus, ohne solche begrifflichen Schubladen die vielfältigen Aspekte eines Patienten zu erfassen, in denen natürlich ineinander übergeht, was hier zu trennen versucht wird. Je mehr technische Ausdrücke der Analytiker beherrscht, desto eher läuft er auch Gefahr, von ihnen beherrscht zu werden. In brenzligen Situationen kann es dann geschehen, daß er mit vorgefaßten Meinungen reagiert, ja sie sogar dem Patienten an den Kopf wirft («ich habe den Eindruck, unser Arbeitsbündnis leidet unter Ihrer negativen Übertragung»). Dadurch werden die Verhältnisse meist weder verbessert noch geklärt.

Freud sieht die Entwicklung der Übertragung als zwischenmenschliches Geschehen, mit liebevoller Ironie und Verständnis auch für die Schwächen des Analytikers:

---

* Ralph Greenson, Technik und Praxis der Psychoanalyse, Stuttgart (Klett-Cotta) ²1976.

Wir wollen hoffen, daß der Arzt bescheiden genug ist, diese Schätzung seiner Persönlichkeit durch den Patienten auf die Hoffnungen zurückzuführen, die er ihm machen kann, und auf die Erweiterung seines intellektuellen Horizonts durch die überraschenden und befreienden Eröffnungen, die die Kur mit sich bringt. Die Analyse macht unter diesen Bedingungen auch prächtige Fortschritte, der Patient versteht, was man ihm andeutet, vertieft sich in die Aufgaben, die ihm von der Kur gestellt werden, das Material von Erinnerungen und Einfällen strömt ihm reichlich zu, er überrascht den Arzt durch die Sicherheit und Triftigkeit seiner Deutungen, und dieser kann nur mit Genugtuung feststellen, wie bereitwillig ein Kranker alle die psychologischen Neuheiten aufnimmt, die bei den Gesunden in der Welt draußen den erbittersten Widerspruch zu erregen pflegen. Dem guten Einvernehmen während der analytischen Arbeit entspricht auch eine objektive, von allen Seiten anerkannte Besserung des Krankheitszustandes.*

Aus diesem Text werden die Wünsche des Analytikers deutlich: er möchte als Therapeut geachtet werden, vor allem wegen seines geistigen Beitrags zur Genesung («Erweiterung des intellektuellen Horizonts»), allenfalls als Experte, der seine neuen Entdeckungen auf psychologischem Gebiet zum Wohl des Kranken einsetzt. Dieser hingegen widersetzt sich solcher Rationalisierung und interessiert sich für den Arzt als Menschen. Während allerdings in den frühen «Studien über Hysterie» noch deutlicher ist, daß der Analytiker sich nur um Patienten kümmern kann, die er menschlich anziehend findet, versucht Freud in den «Vorlesungen» von 1916/17 die Analyse als durchrationalisiertes Geschehen darzustellen, in das nur die Übertragung – und zwar einseitig vom Patienten aus – einen unkontrollierbaren, irrationalen Aspekt bringe. «Wir glaubten ja», sagt er, «die Situation zwischen uns und dem Patienten voll rationalisiert zu haben, so daß sie sich übersehen läßt wie ein

* S. Freud, Vorlesungen, a.a.O., S. 423.

Rechenexempel, und dann scheint sich doch etwas einzuschleichen, was in dieser Rechnung nicht in Anschlag gebracht worden ist.» *

Wir wissen aus autobiographischen Berichten von Freuds Patienten, daß er sich zeitlebens so verhalten hat, wie er es in den «Studien zur Hysterie» beschreibt. Sein Werben um das Interesse und die Sympathie seiner Patienten ging in der Regel deren Übertragung voraus.** Dennoch wählt er in den «Vorlesungen» eine Darstellung, die zunächst versucht, den Widerstand völlig getrennt von der Übertragung zu behandeln, um am Ende doch festzustellen, daß beide zusammengehören. Die positive Übertragung ist mächtiger als die rationale Aufklärung, es sei zum eigenen Besten des Analysanden, wenn er möglichst alles sage, was ihm in den Sinn komme, und sich nicht von Peinlichkeiten aufhalten lasse, die auf Scham- und Schuldgefühlen dem Analytiker gegenüber beruhen. Solange die Sympathiebeziehung zwischen Analytiker und Analysand ungetrübt ist – also in jenem Zustand der «mild positiven Übertragung» –, läuft alles wie geschmiert. Aber es kann natürlich nicht so bleiben. Keine Verliebtheit dauert ewig, schon gar keine, in der es so wenig reale Befriedigungsmöglichkeiten gibt wie in der Psychoanalyse.

> So schönes Wetter kann es aber nicht immer geben. Eines Tages trübt es sich. Es stellen sich Schwierigkeiten in der Behandlung ein; der Patient behauptet, es falle ihm nichts mehr ein. Man hat den deutlichsten Eindruck, daß sein Interesse nicht mehr bei der Arbeit ist und daß er sich leichten Sinnes über die ihm gegebene Vorschrift hinaussetzt, alles zu sagen, was ihm durch den Sinn

---

* S. Freud, Vorlesungen, a. a. O., S. 422.
** Johannes Cremerius beschreibt diese «dissidente Technik» Freuds in: Vom Handwerk des Psychoanalytikers, I und II, Stuttgart (Frommann-Holzboog) 1984.

fährt, und keiner kritischen Abhaltung dagegen nachzugeben. Er benimmt sich wie außerhalb der Kur, so als ob er jenen Vertrag mit dem Arzt nicht abgeschlossen hatte; er ist offenbar von etwas eingenommen, was er aber für sich behalten will.*

Diese Beschreibung enthält auch die Kerne des Umgangs mit der Übertragung. Die Regel lautet: sie wird erst dann analysiert, wenn sie zum Widerstand geworden ist. Vorher nimmt der Analytiker an, daß sie mit dem Arbeitsbündnis zusammenfällt, wie sich ja in glücklichen Zeiten des Lebens Triebwünsche und moralischer Anspruch vereinbaren lassen. Wann wird die Übertragung zum Widerstand? Ein erster Grund wäre – zu dem auch Freuds illustrierende Darstellung paßt –, daß die zielgehemmten, als Sympathie und Interesse erlebten Neigungen zum Analytiker ihren triebhaften Inhalt enthüllen, daß sich Eifersucht in die Bewunderung, Enttäuschung in die Verehrung mischt. Damit ist der Schritt zur nächsten, im Gegensatz zur mild verliebten sofort «analysepflichtigen» Übertragungsform vorbereitet: der negativen oder feindseligen Übertragung.

Ich bin bisher so vorgegangen, als wüßten meine Leser bereits, was mit Übertragung gemeint ist. Das mag deshalb gerechtfertigt sein, weil dieser Begriff inzwischen weit verbreitet ist. Ob ihn das aber verständlicher macht? Übertragung meint eine besondere Gruppe von Gefühlsbeziehungen, die nicht in der realen Gegenwart wurzeln, sondern einseitig sind, weil sich in ihnen eine Szene der Vergangenheit wiederholt. Aber Vorsicht! Es ist äußerst schwierig, diese Gruppe einzugrenzen. Im strengsten Sinn könnte man sagen: Übertragung liegt dann vor (und nur dann sollte man von ihr sprechen), wenn sich in einer psychoanalytischen Situation zwei Menschen einig sind, daß der eine die Gefühle analysiert, die der andere ihm entgegenbringt. Sind wir nicht so streng, dann verschwimmt die

* S. Freud, Vorlesungen, a.a.O., S. 424.

Grenze zwischen Beziehung und Übertragung. Es ist kaum mehr möglich, zwischen beiden zu unterscheiden. In Freuds Beschreibungen, welche das psychoanalytische Gesprächsklima prägen, mischen sich schwer vereinbare Auffassungen. Einmal wird die Übertragung als unangemessen und klischeehaft hingestellt; sie muß aufgelöst werden. Andrerseits gilt es als widersinnig, als ein Kunstfehler, abschätzig von ihr zu sprechen und sie unfreundlich, gar entrüstet abzuweisen.

Die Gefühle, welche sich in der Übertragung ausdrücken, finden angeblich nicht in der gegenwärtigen Situation ihre Rechtfertigung. Sie waren im Kranken vorbereitet, stammen von anderswoher und begegnen nun bei Gelegenheit der analytischen Behandlung auch dem Therapeuten. Aber wiederum Vorsicht! Was sind denn Gefühlsbeziehungen, Bindungen und Verliebtheiten auch sonst anderes als solche schlummernden Neigungen, ohne die unser Leben maschinenmäßig öde verlaufen würde? Was macht sich für eine langweilige Wohlanständigkeit breit, wenn jedes Gefühl, das nicht in das Klischee der Erwartung des Psychologen paßt, verhaftet und in die Analyse abgeführt wird? Wenn Carmen – l'amour est un oiseau rebelle – jene Männer ablehnt, die für sie entflammt sind, und sich für die unzugänglichen begeistert, handelt sie dann aus Übertragung? Die Frage erlaubt uns keine Wahl mehr; die Wahl ist schon vorher getroffen. Wenn wir sie stellen, haben wir bereits unser Anrecht vergeben, zu Carmen auf die Bühne zu treten und mitzuspielen. Wir können nur noch im Zuschauerraum Platz nehmen.

Gefühle und Worte! Tappen die Analytiker in einer verwunschenen Welt herum, in der sich früher die Poeten und Künstler viel besser zurechtfanden – oder haben sich früher die Menschen in ihren Gefühlsbeziehungen verirrt, geliebt und gehaßt, ohne zu wissen warum, bis die Analytiker kamen und zumindest einen Teil dieser Verwirrung klärten? Bei solchen Fragen muß ich an die Zeit denken, in der meine zweijährige Tochter Anna Laura auf jede Frage mit einem «oder» ein andächtiges «Ja!» antwortete – «Willst du essen oder baden?» – «Ja!» – «Willst du Brot oder Joghurt?» – «Ja!» Wenn also ein Klient fragt: «Ist es Übertragung oder Beziehung», dann würde ich am liebsten ebenfalls mit einem solchen «Ja!» antworten.

Zurück zu den Gefühlen und den Worten. Man kann Gefühle in Worten ausdrücken oder aber in Worten über sie reden. Die erste Form ist die lebendige, unmittelbare, die sich jeder Mensch in dem Augenblick wünscht, in dem er fühlt. Die zweite ist gebrochen, reflektiert, mittelbar: sie wird von jenem verwendet, der zwar weiß, daß man über Gefühle reden muß, es aber nicht deshalb tut, weil er etwas ausdrücken will, sondern weil er etwas erreichen möchte. (Natürlich läßt sich auch der Ausdruck von Gefühlen verwenden, um etwas zu erreichen; Kinder tun das unwillkürlich, Erwachsene oft geplant – jede Werbung für Kaffee oder Tütensuppen liefert Anschauungsmaterial.)

Das psychoanalytische Sprechen über die Übertragung ist bis in die Prägung beziehungsweise Wahl dieses Wortes hinein ein Reden über Gefühle. Die psychoanalytische Grundregel hingegen ist eine ausgesprochen expressive Forderung – der Analysand soll dem Psychologen gegenüber möglichst viel ausdrücken, Gedanken, Gefühle, Wünsche, Phantasien, Träume, was gerade kommt. Die Situation ist also asymmetrisch, einseitig. Darin steckt in jedem Fall ein Element der Zurückweisung, der Abkühlung. Die Kunst des Analytikers liegt auch darin, diese Abkühlung liebevoll und sorgsam zu gestalten, so daß sich, bildlich gesprochen, der Analysand durch ihn keine Erkältung holt und daraufhin verschnupft das Weite sucht, zu Therapeuten, die ihm immerwährende Wärme versprechen.

Die Empfindung der Ungerechtigkeit und Einseitigkeit in dieser Situation, in der ein Klient seine Gefühle ausdrücken soll, während der Analytiker über die Gefühle des Klienten spricht, drückt auch ein gesellschaftlich vorgegebenes Werteverständnis aus, das wahrscheinlich für die Neurosen mitverantwortlich ist. Überlegen ist angeblich der, welcher über Gefühle redet und der Unannehmlichkeit, ja Schwäche enthoben ist, sie auszudrücken. Ein Psychoanalytiker weiß recht genau, daß gerade die mit solchen Wertunterschieden verknüpften Zwänge zu ständiger Selbstkontrolle und Gefühlsunterdrükkung für neurotische und psychosomatische Erkrankungen mitverantwortlich sein können. Es wäre eine subtile Gerechtigkeit, wenn der Patient, der auf der Couch seine Gefühle ausdrückt, mit einem Stück seines Anspruchs bezahlen muß, dem gesellschaftlichen Ideal der Überlegenheit und Kontrolle zu entsprechen, aber gesünder wird. Sein Analytiker, der hinter der Couch sitzt und diese Gefühle als Übertragung deutet, heimst zwar Geld und Prestige ein, wird jedoch durch die dazu notwendige eigene Gefühlskontrolle vielleicht ein wenig kränker.

Auge um Auge, Zahn um Zahn? So gerecht geht es selten zu in der Welt. Sicher wäre eine stundenweise Aufrechnung unrealistisch. Das Beispiel mag nützlich sein, um dem Klienten zu zeigen, daß auch der Psychologe etwas einbüßt und aufgibt. Es mag sozial weniger geschätzt sein, ist deshalb aber nicht wertlos. Darüber hinaus läßt sich sagen, daß die Unfähigkeit eines Psychoanalytikers, seine Kompetenz fallenzulassen, ein Zwang, immer kritisch und rational zu bleiben, sicherlich für seine seelische Gesundheit schädlich ist. Analytiker, die nur Patienten und keine Freunde haben, die auch im Privatleben auf jede Frage mit einer Gegenfrage antworten, zeigen dieses Risiko der «déformation professionelle».

Den Gefühlen während der Analyse wird die Neuartigkeit, die Originalität abgesprochen. «Wir meinen eine Übertragung von Gefühlen auf die Person des Arztes, weil wir nicht glauben, daß die Situation der Kur eine Entstehung solcher Gefühle rechtfertigen könne», sagt Freud.* Doch bleibt die Frage unbeantwortet, ob die Gefühlsbereitschaften des Alltags, die in reale, gegenseitige Liebes- und Haßbeziehungen einmünden, nicht ebenfalls in den handelnden Personen vorbereitet sind und bei aktueller Gelegenheit auf ein passendes «Objekt» übertragen werden. Wenn sich bestimmte Menschen auf scheinbar magische Weise anziehen (wie es Goethe so anschaulich in den «Wahlverwandtschaften» beschrieben hat), dann liegen wohl Übertragungen vor. Wie sonst ließen sich solche geheimen Verbindungen verstehen? Goethe beruft sich auf die Seelenwanderung:

> Sag, was will das Schicksal uns bereiten?
> Sag, wie band es uns so rein genau?
> Ach, du warst in abgelebten Zeiten
> meine Schwester oder meine Frau!**

Dennoch halte ich es für verfehlt, hier von einer Übertragung zu sprechen. Begriffe wie Übertragung und Widerstand enthalten die Gefahr eines intellektuellen Machtmißbrauchs, wenn sie außerhalb der psychoanalytischen Situation verwendet werden. Innerhalb dieser Situation ist diese Gefahr nicht gebannt, wohl aber gibt es Wege, mit ihr umzugehen. Denn diese Situation ist dadurch zustande gekommen, daß ein Psychologe und ein Klient den Vertrag geschlossen haben, sich für eine Weile ausschließlich mit den seelischen Vorgängen im Klienten zu beschäftigen. Dieser Vertrag ist kündbar und gegenseitig. Auf diese Weise kann die Einseitigkeit des Verhält-

---

* S. Freud, Vorlesungen, a.a.O., S. 425.
** «Warum gabst du uns die tiefen Blicke...», 1776, an Charlotte von Stein.

nisses, in dem der Klient die gesellschaftlich gesehen «schwächere» Position hat, durch einen schützenden Rahmen ausgeglichen werden.

Kunst und Wissenschaft gedeihen nur in Freiheit. Wo sie durch äußeren Druck gemodelt werden sollen, können sie eine Weile überleben, indem sie ihre Bewegungen verlangsamen wie Tiere im Winterschlaf ihren Herzschlag. Aber sie können sich nicht mehr weiterentwickeln. Ähnlich ist es mit der Psychoanalyse, als Wissenschaft wie als Heilkunst. Der «herrschaftsfreie Dialog» setzt voraus, daß es nicht geheime Werkzeuge gibt, die wie im Theaterzauber Argumente des Gegners verschwinden lassen können. «Widerstand» und «Übertragung» sind potentiell solche Werkzeuge. Der kritische Gegner verwandelt sich in einen Angeklagten. Wenn er engagiert widerspricht, ist es sein Widerstand. Wenn er mit dem Analytiker einverstanden ist, gibt er diesem recht; wenn er sich wehrt, gibt er ihm auch recht. Es ist wie im Irrenhaus: wer sich still fügt, zeigt damit, daß er wenigstens einsieht, daß er verrückt ist; wer sich lauthals zur Wehr setzt, demonstriert nur, daß die weisen Ärzte jeden Grund haben, ihn einzusperren.

Ich halte die Modelle vom Widerstand und von der Übertragung für so wesentlich und durchsetzungsfähig, daß sie nur unter genau überwachten Bedingungen angewendet werden sollten. Einen möglichen Mißbrauch habe ich schon erwähnt: wenn ein Analytiker einen ihm mißliebigen Politiker mit den Mitteln seiner Wissenschaft beschreibt, darf er das Widerstreben des Betroffenen oder der Presse nicht einem Widerstand gegen die Psychoanalyse zuschreiben, sondern eher der Tatsache, daß er außerhalb der analytischen Situation mit Werkzeugen hantiert hat, die ihre Gültigkeit und ihre Berechtigung nur durch eine Einigung der Beteiligten gewinnen können, die Asymmetrie des psychoanalytischen Dialogs zu akzeptieren.

Ähnliche Einwände gelten, wenn ein Analytiker den Gefühlen nachgibt, die durch eine Übertragungsliebe in ihm ausgelöst werden, aber die analytische Argumentation auf die eine oder andere Weise fortsetzt. Öfter, als es Freud vorausgesehen hat*, entstehen aus Analysen auch reale Beziehungen vom sexuellen Verhältnis bis zur Ehe, von der geschäftlichen Verbindung bis zur gemeinsamen Institutsgründung. Dann ist es oft schwierig, die Werkzeuge der Übertragungsanalyse aufzugeben, wenn die Ansprüche des einstigen Analysanden unbequem werden. Auf der anderen Seite kann die reale Beziehung aber nur dann die Möglichkeit gewinnen, sich in Freiheit zu entwickeln, wenn der Analytiker darauf verzichtet, notfalls die Joker der Übertragungs- und Widerstandsanalyse aus dem Ärmel zu ziehen und damit jede Karte zu stechen, die ihm Schwierigkeiten macht.

Endet die vertragliche Vereinbarung, durch die allein die Einseitigkeit der intellektuellen Machtverteilung gerechtfertigt ist, dann müssen die Karten neu gemischt und verteilt werden. Wer einige davon in die Tasche steckt und bei Gelegenheit wieder hervorholt, ist ein Betrüger. Freilich ist dieser Verzicht nicht leicht. In unserer vom Gewinnen besessenen Welt betrügen doch viele, wenn die Gefahr droht, daß sie das Spiel sonst verlieren, und wenn das Risiko gering ist, ertappt zu werden. Die Fachleute für menschliche Probleme, die Ärzte, Lehrer, Anwälte und auch die Psychologen laufen immer Gefahr, daß nicht sie ihren Beruf, sondern dieser sie zu beherrschen beginnt. Der Lehrer belehrt ungefragt, der Arzt diagnostiziert, wenn sich sein Gesprächspartner nur unterhalten will. Warum sollte es bei den Psychoanalytikern anders und besser sein?

---

* «Es ist ausgeschlossen, daß wir den aus der Übertragung folgenden Forderungen des Patienten nachgeben...», Vorlesungen, a. a. O., S. 427.

Zurück zur psychoanalytischen Therapie, der einzigen Situation (von einer Lehranalyse abgesehen), in der die Übertragung mit dem Einverständnis des Betroffenen analysiert werden kann. Ziel dieser Analyse ist es, die Wiederholung in eine Erinnerung zu verwandeln, dem Klienten zu zeigen, daß seine Gefühle nicht aus der gegenwärtigen Situation stammen, nicht der Person des Analytikers gelten, sondern alte, vergessene Bedürfnisse wiederholen. So verwandelt sich die Übertragung aus einem lästigen Störfaktor zum wichtigsten Mittel, das die Behandlung fördert. Der Therapieerfolg hängt – unabhängig von der «Schulrichtung» des Therapeuten – damit zusammen, ob der Klient die Beziehung zum Psychologen als «allgemein positiv» einschätzt.* Freud hat das gewußt. Im Kampf um die Gesundheit des Kranken gibt «nicht seine intellektuelle Einsicht – die ist weder stark noch frei genug für solche Leistung –, sondern einzig sein Verhältnis zum Arzt» den Ausschlag.**

Deutlicher kann kaum gesagt werden, daß die entscheidenden Wirkungen der Psychoanalyse nicht von einer intellektuellen Technik ausgehen, sondern vom Umgang mit einer Gefühlsbeziehung. Der Reichtum an Wissensaustausch und biographischen Inhalten, der in einer Analyse gesammelt wird, hat nur in diesem Rahmen einen Sinn. Zugleich dient das Wissen, das der Analytiker selbst in seiner langen Ausbildung über sich erwerben sollte, vor allem seinem Umgang mit der Übertragung, nicht zuletzt der Analyse seiner eigenen Gegenübertragung. In diesem Zusammenhang wird auch verständlich, was mit der «Übertragungsneurose» gemeint ist: Aus einem Bündel von Schwierigkeiten, mit dem der Klient bisher allein war, wird nun eines, in das der Psychologe intensiv mitverwik-

---

* H. H. Strupp und Mitarbeiter, Psychotherapy Experience in Retrospect, Psychol. Monographs 1964 (Whole Nr. 588).
** S. Freud, Vorlesungen, a. a. O., S. 428.

kelt ist und das er nun durch seinen Beitrag an Einfühlung, Geduld, Toleranz, Wissen und Einsicht schrittweise bewältigen hilft.

Die seelischen Störungen sind Teil einer lebenden Person und wie diese stets in Entwicklung begriffen. Der Beginn einer Analyse macht diesem Wachstum kein Ende, sondern lenkt es in eine neue Richtung, in der aus dem Einpersonenstück ein Zweipersonendrama wird. Die Neuerungen der Krankheit richten sich auf die Beziehung zum Analytiker, die Übertragung wird nach einem schönen Gleichnis von Freud jener Cambiumschicht vergleichbar, die zwischen Holz und Rinde eines Baumes die Gewebsneubildung, das Wachstum und die Heilung von Wunden reguliert.

Nur die Kranken, welche zu einer solchen Bindung an den Analytiker fähig werden, gelten als «heilbar» im Sinn der psychoanalytischen Auffassung. Das heißt auch, daß es schwer möglich ist, solche Fragen als Entscheidungen über *einen* Menschen zu stellen, denn die Antwort auf sie betrifft grundsätzlich *zwei* Personen. Daher sollte man die Unterscheidung, die Freud zwischen «Übertragungsneurosen» und «narzißtischen Neurosen» trifft, nicht mit den herkömmlichen psychiatrischen Diagnosen gleichsetzen.

Während diese die betroffenen Personen versachlichen, geht Freud davon aus, ob eine tragfähige persönliche Beziehung zwischen dem Analytiker und seinem Patienten möglich ist oder nicht. In der Regel glaubt der Nervenarzt ein sachliches, wohlerwogenes Urteil über die Beziehungsfähigkeit und damit die Schwere der Störung eines Patienten zu fällen. Doch ist seine Meinung zum Teil durch die Beziehungsfähigkeit des Nervenarztes mitbestimmt, durch die Form seiner Kontaktaufnahme.

Sicher gibt es Menschen, die so tief gestört und verletzt sind, daß sich kein Therapeut an den Versuch wagen wird, eine Beziehung zu ihnen aufzubauen. Auch die finanziellen Möglichkeiten spielen eine Rolle. Wer sich das Honorar für einen Psychoanalytiker leisten kann, wird sicher eher für analysierbar erklärt als der Arme oder Gescheiterte. Wir sollten uns grundsätzlich daran gewöhnen, in solchen Fragen viele Einflüsse zu erwägen. Seelische Vorgänge sind «mehrfach determiniert», wie Freud zu sagen pflegte. Es wäre blind und vorurteilsgeladen, die diagnostischen Entscheidungen der Psychoanalytiker allein finanziellen Aspekten, allein ihrer Gegenübertragung, allein ihrer sachlichen Urteilsfähigkeit zuzuschreiben. Diese und einige hier nicht genannte Faktoren mögen zusammenwirken; am meisten ist gewonnen, wenn offen über jeden von ihnen gesprochen werden kann.

5
Gegenübertragung und Abstinenz

«Unter der Lampe ist es am dunkelsten», sagt ein chinesisches Sprichwort. Von allen Hindernissen einer psychoanalytischen Behandlung ist die Gegenübertragung zuletzt untersucht worden. Bis heute wird sie von einigen Analytikern für etwas gehalten, worüber man nicht spricht und was man als Therapeut gefälligst mit sich allein abmachen sollte. Ich selbst bin in einer anderen Richtung voreingenommen. Ich halte sie für eine der wesentlichsten Entdeckungen der Psychoanalyse. Wie ich am Beispiel der frühen Studien über Hysterie gezeigt habe, hat Freud schon von Anfang an über sie nachgedacht. Später drängte seine Arbeit an Widerstand und Übertragung diesen Gesichtspunkt zeitweise in den Hintergrund.

Dennoch fällt es mir nicht leicht, einen Text über die Gegenübertragung zu schreiben. Das Licht, mit dem wir in der Psychoanalyse arbeiten, gleicht tatsächlich der chinesischen Ölfunzel mehr als unseren modernen Halogenscheinwerfern. Die Lampe selbst wirft einen dichten Schatten. Das kleine Flämmchen ist empfindlich gegen jeden Luftzug. Wer versucht, es allzu rasch bald in diese, bald in jene finstere Ecke zu bewegen, läuft Gefahr, daß es gänzlich erlischt und somit die einzige Möglichkeit einer Orientierung schwindet.

Wie das Gleichnis mit dem Erlernen des Autofahrens weist auch dieses darauf hin, daß in der psychoanalytischen Klärung lebensgeschichtlicher und zwischenmenschlicher Vorgänge oft genug das Beste, was wir erreichen können, längst nicht gut genug ist. Es wird nie ganz hell, nie wird alles auf einmal sichtbar. Durch Geduld und die Mischung von Beharrlichkeit und Beweglichkeit läßt sich doch mehr erreichen, als man dem kleinen, so leicht auszulöschenden Licht der Einsicht zutrauen würde. Wenn der Analysand in dem Bestreben, endlich die Gegenübertragung des Analytikers zu beleuchten, mit diesem um die kleine Lampe kämpft und sie ihm aus der Hand reißen will, dann ist die Gefahr groß, daß sie nicht nur erlischt (dann kann man sie wieder anzünden), sondern zu Boden fällt, ausläuft oder zerbricht. In dem Bestreben, zu schnell zu viel zu klären, sitzen dann beide erst einmal völlig im Dunkeln. Statt Zeit gewonnen, den ganzen Vorgang beschleunigt zu haben, müssen sie (wenn das überhaupt geht) noch einmal von vorne beginnen. Vielleicht ist es nützlich, noch einmal die Übertragung zu beleuchten.

Freud hat vermutet, daß die von ihm mit diesem Begriff beschriebenen Prozesse eng mit den Geheimnissen zwischenmenschlicher Einflußnahme zusammenhängen. Durch Worte wie Überzeugung, Inspiration, Überredung, Suggestion und Charisma können diese kaum besser geklärt werden als durch die Annahme einer magischen Kraft, eines Mana, von der in den frühen Kulturen die Rede ist. Verräterisch für unsere Welt ist allenfalls, daß sich an das Wort «suggestiv» leicht der Zusatz «nur» heftet.

Bernheim hat die Lehre von den hypnotischen Erscheinungen mit unbeirrtem Scharfblick auf den Satz begründet, daß alle Menschen irgendwie suggerierbar, suggestibel sind. [Man weiß hier nicht recht: meint Freud das mit dem Scharfblick ernst oder ironisch.] Seine Suggestibilität ist nichts anderes als die Neigung zur Übertragung, etwas zu enge gefaßt, so daß die negative Übertragung keinen Raum darin fand. Aber Bernheim konnte nie sagen, was die Suggestion eigentlich ist und wie sie zustande kommt. Sie war für ihn eine Grundtatsache, für deren Herkunft er keinen Nachweis geben konnte. Er hat die Abhängigkeit der «suggestibilité» von der Sexualität, von der Betätigung der Libido nicht erkannt. Und wir müssen gewahr werden, daß wir in unserer Technik die Hypnose nur aufgegeben haben, um die Suggestion in der Gestalt der Übertragung wiederzuentdecken.*

Freud weiß natürlich, daß er sich auf gefährliches Gebiet begibt, wenn er solche Parallelen zieht. Denn wenn auch die Übertragung mit Suggestion zusammenhängt – woraus kann dann die angebliche Andersartigkeit, ja Überlegenheit der analytischen Arbeit gegenüber der Hypnose abgeleitet werden? Wozu der Umweg? Wenn schon mit Suggestion gearbeitet werden muß – weshalb nicht direkt gegen die Symptome, sondern indirekt auf dem Umweg der Suche nach ihrer Bedeutung, nach ihren Wurzeln in kindlichen Erlebnissen? Und wenn Suggestion im Spiel ist: woher dann die Sicherheit, daß nicht alle Deutungen ebenfalls Produkt der Suggestion sind, daß die Patienten träumen und assoziieren, was der Analytiker erwartet? Gerade der letzte Vorwurf ist bis in die jüngste Zeit aktuell geblieben: die Interpretation der Psychoanalyse als einer besonders gut verkappten und vielleicht auch besonders eindrucksvollen Form der Suggestionsbehandlung.**

---

* S. Freud, Vorlesungen, a. a. O., S. 429.
** Hansjörg Hemminger und Vera Becker, Wenn Therapien schaden. Kritische Analyse einer psychotherapeutischen Fallgeschichte, Reinbek (Rowohlt) 1985.

Die psychoanalytische Praxis zeigt, daß man einen Klienten vielleicht indoktrinieren, durch diese Indoktrination aber seinen Zustand nicht dauerhaft bessern kann, erläutert Freud. Geheilt wird er nur durch die korrekte Rekonstruktion seiner verdrängten Kindheitsphantasien, durch die zutreffende Analyse der Übertragung, in der von selbst herausfällt und nicht weiter verfolgt wird, was sich nicht als gültig erweist.

Aufklärungen, die Psychoanalyse sei «auch nur Suggestion», sind mit jenem platten Gewinn vergleichbar, den der Missionar erzielt, der die Religion des von ihm zur Bekehrung auserwählten Volkes als primitiven Aberglauben abtut. Warum diese Menschen gerade diese Götter haben und keine anderen, wie sich ihre Vorstellungen entwickelt haben und welche Folgen sich aus ihnen ableiten lassen, wird ihn gleichgültig lassen. Wer gerne mit der Psychoanalyse die Auseinandersetzung mit jenen Fragen abschaffen will, die sie stellt, wird sich nicht mehr ernsthaft für die Inhalte dieses Aberglaubens interessieren: er wird ihn bekämpfen.

Das heißt auch, es geht nicht mehr darum zu verstehen, wie Suggestionen zustande kommen und sich auswirken. Die Absicht richtet sich nur noch darauf, dieser peinlichen Überlegung zu entgehen. Es muß doch eine Welt geben, die aus Wissen und rational faßbaren Ursachen aufgebaut ist, in der solche dunklen Dinge nicht ernst zu nehmen sind, sondern verschwinden, wenn man sie dunkle Dinge nennt, ohne genauer hinzusehen. Der Vorwurf, die Psychoanalyse beruhe «nur» auf Suggestion, enthält also einen Rückschritt an Differenzierung, der auch dadurch nicht aufgehoben werden kann, daß er prominente naturwissenschaftliche Autoritäten zitiert: eben das drückt ja den Versuch aus, mit Suggestion zu arbeiten, ohne darüber nachzudenken, wie sie wirkt, und ohne zu versuchen, solche Wirkungen zu analysieren.

Freud hat die hypnotische Therapie mit Kosmetik verglichen, die analytische mit Chirurgie. Die erstere versucht, etwas zuzudecken und zu überschminken, die zweite etwas aufzudecken und zu entfernen. Die erste benutzt die Suggestion, um die Verdrängungen zu verstärken, während die Psychoanalyse die Suggestion in Gestalt der Übertragungsarbeit verwendet, um die Entstehungsbedingungen der Suggestibilität eines Menschen zu untersuchen und diese, so gut es geht, in dessen Verfügungsgewalt zurückzugeben. In der suggestiven Behandlung wird die Übertragung geschont und benutzt, um bestimmte Ziele zu erreichen. Der Arzt verfolgt diese unabhängig von seinem Patienten nach dem Grundsatz: der Zweck heiligt die Mittel. In der analytischen Psychotherapie hingegen soll die Übertragung aufgelöst werden, der Klient am Ende ebensoviel über den therapeutischen Prozeß wissen wie der Psychologe – nicht in dem Sinn, daß er weiß, wie der Analytiker «handwerklich» vorgeht, sondern indem er erfahren hat, welche inneren Widerstände und ungelösten Übertragungswünsche bisher seiner Genesung im Wege standen.

Was haben diese Überlegungen mit der Gegenübertragung zu tun? Erst dadurch, daß die Analyse die durch sie geschaffenen Abhängigkeiten einsetzen will, um sie aufzuheben, kann überhaupt die Problematik der Motive des Analytikers sichtbar werden. Freud hat doppelt argumentiert. Die Psychoanalyse ist der suggestiven Therapie durch ihre Erfolge *und* durch ihr Prinzip überlegen. Die Frage der Erfolge stelle ich zurück; aber der Anspruch auf Selbstreflexion, auf eine kritische Distanz nicht nur zum Objekt der Behandlung – dem Patienten –, sondern auch zum behandelnden Subjekt macht für mich einen wesentlichen Reiz der Psychoanalyse aus. An diesem Ideal ist sie zu messen, und an ihm sollte sich auch die Psychoanalyse-Kritik orientieren. Daß jede Aussage gegen ihn verwendet wird, erfährt ja nicht nur der Klient «im Widerstand», sondern auch der Analytiker von seiten seiner Gegner. Beharrt er stur auf seinen Erfahrungen und kümmert sich nicht um eine Kritik, die nicht von seiner Methode ausgeht, dann bestätigt er das abschätzige Urteil des Sektierertums und des modernen Aberglaubens. Bezieht er aber seine eigene Problematik in seine Reflexionen ein, dann hat man schon immer gewußt, daß die ganze Sache faul ist.

Die Parallele zwischen Suggestion und Übertragung läßt uns einige überraschende Seiten der Gegenübertragung kennenlernen. Wenn die Übertragung damit zusammenhängt, wie empfänglich der Klient für die «suggestive» Persönlichkeit des Psychologen ist, dann muß die Gegenübertragung auch mit dem Charisma, der Ausstrahlung des Analytikers in Verbindung gebracht werden. Damit gerät sie in Spannung zu einem anderen, sehr wesentlichen Grundsatz der Psychoanalyse: der analytischen Abstinenz. Das sind nun zwei neue Begriffe auf einmal.

Die Gegenübertragung ist das Gegenstück zur Übertragung des Klienten, keine Reaktion des Analytikers auf die spezifischen Übertragungen, die er auslöst, sondern das Pendant zu diesen. In der Regel ist die Gegenübertragung vor der Übertragung da. Der Analytiker reagiert schon in der ersten Stunde auf den Patienten, macht sich ein Bild von ihm, nimmt bestimmte Gefühle und Phantasien bei sich wahr. Der Klient ist oft vorsichtiger, wartet ab; zwischen ihm und einer persönlichen Reaktion auf den Analytiker stehen Vorerfahrungen recht anonymer Art, mit Vorgesetzten, mit Experten allgemein, Ärzten im besonderen. Oft ist das Mißverhältnis zwischen dem Energieaufwand der Gegenübertragung und dem der Übertragung auffallend groß, zum Beispiel bei den angeblich «unergiebigen» psychosomatischen Kranken. Daß heißt, der Analytiker hat das Gefühl, er interessiere sich weit mehr für den Patienten, als sich dieser für ihn interessiert, und selbst mehr, als sich dieser für sich selbst interessiert.

«Abstinentia» heißt im Lateinischen Enthaltsamkeit. In der Analyse ist mit Abstinenz vor allem die Haltung des Analytikers gegenüber den Übertragungswünschen des Patienten gemeint. Sie sollen nicht erfüllt werden. Damit hätte die Neurose über die Kur triumphiert. Vielmehr geht es darum, durch Versagung dieser Wünsche Distanz zu ihnen herzustellen und von daher ihre Wurzeln zu erkennen. Wenn zum Beispiel der Klient körperliche Zärtlichkeit oder einen Rat in einer wichtigen Lebensfrage will («Soll ich Lucie oder Conny heiraten?»), verlangt die Abstinenzregel vom Analytiker, diese Wünsche nicht zu erfüllen, sondern herauszufinden, woher sie kommen und aus welchen Gründen sie gerade jetzt geäußert werden.

Der Sinn der Abstinenz liegt darin, daß die Klärung der Übertragung des Klienten eine schwierige Aufgabe ist, bei deren Bewältigung der Analytiker möglichst im Hintergrund bleiben, sich neutral verhalten soll. Wenn er alle seine Empfindungen hervorsprudelt und den Analysanden mit Ratschlägen eindeckt, bleibt diesem nur wenig Raum für seine Phantasie. Statt dem Analysanden beizubringen, wie er fischen lernen kann, gibt ihm der Analytiker dann einen Fisch: das ist bequemer, stellt im Augenblick beide zufrieden, führt aber dazu, daß auf lange Sicht der Klient enttäuscht bleibt, weil sich der Fischvorrat des Psychologen rasch erschöpft und er selbst außer einem Gefühl der Abhängigkeit wenig gewinnt. Andererseits wird die Abstinenz immer dann gefährlich und potentiell destruktiv, wenn sie zum Selbstzweck wird und nicht zu einem Mittel, um den analytischen Prozeß zu fördern. Man kann einem Verhungernden nicht aus Prinzip den Fisch verweigern, sondern muß ihn aufpäppeln, bis er genug Kraft hat, sich selbst mit Boot, Angel und Netz zu beschäftigen.

Zu entscheiden, wann Abstinenz die Analyse fördert, wann sie gefährlich ist, gehört zu den schwierigsten Fragen, denen der Analytiker in seiner Arbeit begegnet. Freud hat den abstinenten Analytiker mit einem wohlgeschliffenen Spiegel verglichen, der nur das Bild des Patienten zeigt. Aber Freuds Praxis war völlig anders, als es das Zerrbild vom stets zugeknöpften, grau gekleideten, neutral eingerichteten Psychoanalytiker will. Freud schenkte seinen Patientinnen Blumen, schrieb ihnen schon vor der Analyse persönliche Briefe, zeigte ihnen Stücke aus seiner Antikensammlung, die in seinem Behandlungszimmer aufgebaut war. Das heißt nicht, daß er nicht auch ein geschliffener Spiegel sein konnte – wohl aber, daß er weder fanatisch noch regelgläubig war. Er wußte, daß es sehr wichtig ist, den Analysanden dazu zu bewegen, daß er sich für das interessiert, was der Spiegel zeigt. Andererseits hat sich Freud energisch dagegen gewandt, Bedürfniserfüllung innerhalb der Analyse als Grundsatz zu akzeptieren. Sein Freund Sandor Ferenczi, der mit solchen Mitteln experimentierte, seine Patientinnen küßte und auf Urlaubsreisen mitnahm, wurde von ihm ernstlich ermahnt, die Psychotherapie nicht zu einer *petting party* zu machen. Die Freundschaft der beiden Männer ist daran zerbrochen.*

Mir scheint diese Beschränkung Freuds weise. Zuwendung läßt sich nicht regeln, wohl aber eine berufliche Arbeitshaltung. Gerade indem Freud einen breiten Bereich der «mild positiven» Übertragung und der werbenden Gegenübertragung nicht definiert hat, ließ er dem Analytiker Spielraum. Die Aktivität im Rahmen der Gegenübertragung dient dazu, um das Interesse des Patienten an seiner eigenen Person und seinem Gesundungsprozeß zu werben. Neutralität und Auflösung von Übertragung sind nur sinnvoll, wenn es etwas zu neutralisieren und aufzulösen gibt.

Als im Berliner psychoanalytischen Institut seit 1920 die Ausbildung systematisiert wurde, gewann die Abstinenz eine besondere Bedeutung. In Freuds Wiener Kreis ging es immer etwas schlampig zu. Begabte Außenseiter machten rasch Kar-

---

* Viele Einzelheiten zu dieser Kontroverse bei Johannes Cremerius, Vom Handwerk des Psychoanalytikers, I und II, Stuttgart (Frommann-Holzboog) 1984, S. 364.

riere (wie Otto Rank oder Wilhelm Reich). Der Meister ließ es sich nicht nehmen, die Analyse seiner Tochter Anna selbst durchzuführen. In Berlin wurde Ordnung geschaffen. Eine solide Lehranalyse von einigen hundert Stunden, Kontrollanalysen (das heißt: der Anfänger muß die ersten Behandlungen, die er durchführt, mit einem erfahrenen Analytiker besprechen), theoretische Seminare über Behandlungstechnik — das waren die Mindestvoraussetzungen für eine psychoanalytische Berufsausübung. Die Analytiker des Wiener Kreises hatten Freud gelesen, Patienten behandelt und über ihre Erfahrungen in Freuds Mittwochsgruppe gesprochen, aus der die erste psychoanalytische Vereinigung der Welt hervorging. Jetzt gab es ein Ausbildungsprogramm mit festen Stundenzahlen und einer Abschlußprüfung. Zu diesem Geist paßte auch die Regelung der Abstinenz. Darf der Analytiker Bilder in seinem Zimmer aufhängen? Soll er wegschauen, wenn er einem Analysanden auf der Straße begegnet? Verstößt er gegen die Abstinenzregeln, wenn er einem Analysanden, der sich am nächsten Tag einer ernsten chirurgischen Operation unterziehen muß, alles Gute wünscht?

Solche Debatten werden heute auch von einem Analytikerpublikum eher belächelt. Man ist toleranter geworden; das Arbeitsbündnis soll gepflegt werden. Milde Äußerungen einer positiven Gegenübertragung sind dabei durchaus erwünscht. Die Abstinenzfrage ist trotzdem das heikelste Thema unter Analytikern geblieben.

Die analytische Situation führt zu einer sehr engen zwischenmenschlichen Beziehung. Solche Beziehungen sind immer in Gefahr, aus einem konstruktiven zu einem zerstörerischen Geschehen zu werden. Wer kennt nicht Ehen, in denen sich Menschen, die sich einst liebten (oder zu lieben glaubten) mit bitterer Enttäuschung oder wütendem Haß verfolgen? Dieses Scheitern einer idealisierten Hoffnung wird oft als kränkendes Versagen erlebt. So muß auch ein Schuldiger gefunden werden. Selbst dieser Schuldige zu sein, wäre unerträglich; also ist es der andere. Ein Machtkampf folgt, in dem es um die Darstellung der Beziehung geht: Hättest du nicht damals, dann... Und dagegen: Ich habe ja nur, weil du...

Kommt es in einer Analyse zu einer solchen Situation, dann droht die Gefahr, die ich eingangs mit dem Kampf um die Lampe verglichen habe. Jeder will recht behalten und verliert darüber die Beziehung. «Wir müssen Ihre Übertragung analysieren», sagt der Analytiker auf die eine oder andere Weise, verblümt oder direkt. «Nein, bevor Sie nicht offen über Ihre Gegenübertragung reden, geht es nicht weiter», sagt der Analysand, der sich unverstanden, abgelehnt, falsch behandelt fühlt. Wenn eine Analyse in diesem Stadium abgebrochen wird, entstehen Texte wie Dörte von Drigalskis* «Blumen auf Granit».

Die Projektion

Die gelingenden Therapien werden meist aus der Sicht der Therapeuten, die scheiternden aus der Sicht enttäuschter Patienten beschrieben. Auch der in einen Rechtfertigungskreis verstrickte Partner einer gescheiterten Ehe will Freunde, Anwälte und Gerichte zu Zeugen dafür machen, daß er im Recht und sein(e) Gegner(in) im Unrecht ist. So wird die Öffentlichkeit aufgerufen, parteiischer Richter zu sein. Wie in einer belagerten Stadt die einst liebevoll aufgebauten Häuser eingerissen und die Steine als Wurfgeschosse verwendet werden, so dient jetzt psychologisches Wissen als Mittel zum Kampf. Aus ihrem Zusammenhang gerissene Fragmente fliegen dem um die Oh-

---

* Dörte von Drigalski, Blumen auf Granit. Eine Irr- und Lehrfahrt durch die deutsche Psychoanalyse, Berlin (Ullstein) 1979.

ren, der schlichten will und eine gerechte Lösung für die Rechtsansprüche der Kombattanten sucht, deren Ziel die Vernichtung der jeweiligen Gegner ist.

Die Analyse hat solche Auseinandersetzungen mit dem Begriff der «Projektion» fassen wollen. Verdrängtes wird dabei nach außen verlegt und dort so wahrgenommen, als ob es auch von außen käme. Ein Gewinn aus diesem Manöver ist, daß gegen diesen äußeren Feind Mittel eingesetzt werden können, die gegen eine innere Regung machtlos sind.

Wer seine Nachbarn sexueller Perversionen verdächtigt und mit einem Nachtglas in ihre Fenster späht, um sie zu überführen, wird durch seine Verfolger-Rolle jeden Verdacht abweisen können, daß er selbst perverse Wünsche hegt. Wenn Helene Deutsch während ihrer Analyse bei Freud bittere Tränen um die arme, bald von ihrem Ehemann verlassene Frau Professor weinte, steckte in dieser Übertragung auch eine Projektion. Nicht sie ist es, die den treuen Ehemann seiner Gattin abspenstig gemacht hat, sondern dieser selbst will die bedauernswerte Frau verlassen, der nun ihr ganzes Mitleid gilt. Auf diese Weise kann die projektionsbestimmte Phantasie Wunsch und moralischen Einwand zusammen befriedigen, der Haß gegen die Rivalin darf sich in Mitleid verwandeln, da sie ohnehin schon unterlegen ist.

Nun bemächtigt sich jede Projektion eines Auslösers, eines Hinweises, der ihr Anhaltspunkte gibt. Vielleicht war Freud an jenem Tag, als Helene Deutsch über die arme Frau Professor weinte, besonders angetan von seiner jungen, anziehenden Lehranalysandin und bot ihr so ein Flöckchen Wolle für den Faden, den sie weiterspann. Das heißt: die Gegenübertragung liefert den Übertragungen Material, und umgekehrt. Noch in einem anderen Punkt hat Helene Deutsch nichts ins Blaue projiziert. Ihre Analyse fand 1918/1919 statt, als die Versorgungslage in Wien sehr schlecht war. Auch Freud und seine Familie litten Hunger. Helene Deutsch bot an, für die kranke Frau Professor regelmäßig Milch von den Ziegen mitzubringen, die sie in ihrem Garten hielt. So wurde sie selbst zur spendenden Mutter für die Frau Professor, ein Grund mehr, den ödipalen Haß in rücksichtsvolle Liebe umzuwandeln. Es ist auch anzunehmen, daß sich Freud nicht ganz frei fühlte, die Übertragungsreaktion seiner Patientin zu analysieren, was seine Frau anging. Helene Deutschs Analyse fand ein Ende, das nur eine sehr robuste Idealisierung von Freuds Persönlichkeit erträglich machen konnte. Er erklärte ihr eines Tages, sie sei nun gesund genug, er habe ihre Stunden bereits für jemand anderen verplant.

Die Projektion läßt sich nur dann klären und zurücknehmen, wenn auch über die Anlässe zu ihr gesprochen werden kann – über das Angebot des Analytikers, das der Analysand dann weiterspinnt. Wenn der Analytiker reale Anlässe gegeben hat, sie aber nicht eingesteht, schafft er eine unanalysierbare Situation. Nichts geht mehr. Wenn ich hinter der Couch einschlafe, der Patient mich fragt, ob ich geschlafen habe, und ich es abstreite, dann muß ich mich nicht wundern, wenn er mir später auch dann nicht glaubt, wenn ich die Wahrheit sage. Wenn ich die Tür nicht beim ersten Klingelzeichen geöffnet habe, weil ich gerade auf der Toilette war, dann ist das eine entschuldbare Nachlässigkeit. Wenn sie aber für meine Patientin bedeutet, daß ich sie loswerden will und ihr am liebsten überhaupt nicht aufgemacht hätte, dann ist es wichtig, daß wir über die Anlässe hinaus von den Motiven sprechen. Wie wahrscheinlich ist es, daß ich mir für eine solche Botschaft dieses Verhalten ausdenken würde? Welche Gründe könnten wiederum sie bewegen, mir Gleichgültigkeit und Feindseligkeit zu unterstellen? So ist es oft unerläßlich, die Gegenübertragung zu bereden, um die Übertragung analysieren zu können. Nur so weiß der Analysand, wann er in den Spiegel blickt und wann er ein wirkliches Bild sieht, in dem er auch beim besten Willen nicht seine eigene Miene erkennen kann.

Der Analytiker sollte also seine Gegenübertragung so gut wie möglich kennen. Ich finde, daß er dazu seinen Beruf nie gänzlich isoliert ausüben darf. Wenn ihm ein Analysand so große emotionale Schwierigkeiten macht, daß er mit sich selbst nicht mehr zurechtkommt und das Empfinden hat, seine Haltung «gleichschwebender Aufmerksamkeit» sei ernstlich in Frage gestellt, dann braucht er einen oder mehrere Kollegen, mit denen er sich austauschen kann. Neutralität wird nicht dadurch hergestellt, daß der Analytiker farblos und extrem vorsichtig bleibt. Dann wiederholt er die Verhaltensweisen distanzierter und gleichgültiger Eltern. Wenn der Patient die Ablehnung, die er solchen Elternbildern entgegenbringt, auf den Analytiker überträgt, entsteht eine unanalysierbare Situation, ein Patt: «Sie erleben mich jetzt wie Ihren Vater!» – «Ja sind Sie denn anders als mein Vater?» – «Ja, denn ich bin Ihr Analytiker, ich interessiere mich dafür, wie Ihr Erleben entsteht, womit Ihre Symptome zusammenhängen; ich bin deshalb so zurückhaltend, um Ihnen Raum zu geben!» – «Das hätte mein Alter auch so sagen können…»

Wenn der Analytiker körperlich «mitleidet», von seinen Patienten träumt oder von Gedanken an sie belastet wird, die er nicht zurückstellen kann, dann weist das darauf hin, daß seine Gegenübertragung auf dem Weg ist, zum Widerstand zu werden, die Arbeit zu behindern. Aber es wäre eine schlechte Strategie, nach dem Motto «eine Offenheit ist die andere wert» jetzt den Analysanden zu Rate zu ziehen. Schließlich bezahlt dieser (oder dessen Krankenkasse) dafür, daß es um ihn und nicht um den Analytiker geht. Nein, unser Analytiker braucht dann Supervision, er sollte zu seinem Lehranalytiker zurückgehen oder zu der Kollegengruppe, mit der er im Blick auf eben solche Situationen zusammenarbeitet.

Was der Analytiker sagt, soll «echt» sein, seinen Gefühlen entsprechen. Aber er muß es auswählen, je nachdem, wieviel seinem Patienten nützlich ist. Meiner Erfahrung nach wird die

Aufnahmefähigkeit der Patienten dabei oft unterschätzt, gelegentlich aber auch massiv überschätzt. Wenn der Analytiker Angst hat, die Abstinenzregel zu verletzen, zögert er auch bei alltäglichen Höflichkeiten, die jedem anderen Menschen, den der Psychoanalytiker so gut kennt wie seinen Klienten, ohne Schwierigkeiten zugebilligt würden. Vor vielen Jahren hatte ein Patient zu Beginn der Stunde ein Eis mitgebracht, das er erst noch essen wollte. «Ich habe auch eines für Sie dabei», sagte er. «Nehmen Sie, es schmilzt sonst!» Ich lehnte ab, und mit dem Eis schmolzen meine Versuche, den Patienten zu Einfällen über diese Situation zu veranlassen. Es dauerte einige Zeit, bis er mir mein Verhalten verzieh und wieder arbeiten wollte; Süßigkeiten hat er nicht mehr mitgebracht. «Wenn ich das Eis angenommen hätte, würde er vielleicht immer eines mitbringen – wo käme ich dann hin?» So mag ich mich damals gefragt haben.

Heute würde ich das angebotene Eis nicht schmelzen lassen, sondern aufessen. (Aber mir bringt niemand mehr ein Eis mit...) Dann würde ich warten, ob Einfälle kommen, die sich für eine Deutung des Eis-Mitbringens verwerten lassen. Wenn nicht, würde ich nicht hinter ihnen her sein. Das heißt, ich könnte in aller Ruhe abwarten, ob es eine einmalige Geste des Analysanden darstellt, ob er vorhat, die Analyse in ein Stündchen oraler Genüsse zu verwandeln, oder ob er mir dezent vermitteln will, daß ich ihm zuwenig Süßes zukommen lasse.

Die Überforderung des Analysanden durch Verletzungen der Abstinenzregel hängen oft damit zusammen, daß der Analytiker in seinem Privatleben nicht genug Halt und Bestätigung findet und daher keine Kraft mehr aufbringen kann, seine eigenen Empfindungen zu analysieren. Die meisten Therapeuten haben Phantasien, mit Patientinnen sexuelle Kontakte aufzunehmen oder andere Vorteile aus der Übertragung zu ziehen. Wie nur psychisch schwer belastete Eltern ihre Kinder sexuell mißbrauchen, so wird auch nur der Analytiker in einer emotionalen Notlage soweit gehen. Aber solche Formen des Auslebens der Gegenübertragung sind leichter durchschaubar als andere, kaum weniger schädliche.* Der Analytiker kann neidisch sein, wenn dem Patienten Dinge gelingen, die ihm selbst mißraten – wenn er beispielsweise erfolgreiche Bücher schreibt oder eine glückliche Ehe führt, und dann versuchen, dem Analysanden diese Erfolge madig zu machen.

Die analytische Haltung wird durch Elastizität besser gesichert als durch Starrheit, wie ein Jollensegler sein Boot dadurch verläßlicher auf Kurs hält, daß er mit Steuer *und* Großschot auf die Schwankungen von Wind und Wellen antwortet, sein Ziel im Auge. Daher glaube ich auch nicht an eine feste Regelung dessen, was man «analytisches Vorgehen» nennen sollte. Die Ziele sind klar. Der Analysand soll möglichst ungestört und intensiv den freien Einfällen nachgehen können, in denen sich sein Unbewußtes ausdrückt. Wie der Analytiker möglichst sinnvoll eingreift, wie er diesem Prozeß schädliche Bewertungen unterläßt, läßt sich im einzelnen nicht festlegen.

In ihrem Buch über den «unmöglichen Beruf» des Psychoanalytikers versucht Janet Malcolm vergeblich, die Regeln dieses Prozesses aufzuspüren. Ich glaube nicht, daß es stimmt, daß die Übertragungen des Patienten um so farbiger und lebhafter sind, je farbloser und lebloser der Analytiker wirkt.** Etwas später zitiert Malcolm ein Seminar, das Leo Stone und

---

* Ich halte Phyllis Greenacres Feststellung für übertrieben, daß dieser psychoanalytische Inzest schädlicher ist als eine tatsächliche inzestuöse Verführung während der Kindheit. Vergleiche Phyllis Greenacre, The role of transference: Practical considerations in relation to psychoanalytic therapy, J. Amer. Psychoanal. Ass. 1954, S. 671–684, Bd. 2.

** Janet Malcolm, Psychoanalysis – The impossible profession, New

Charles Brenner am New York Psychoanalytic Institute hielten. Stone ist ein Vertreter einer «wärmeren», von Zuwendung und einem höheren Maß von Offenheit bestimmten Auffassung der analytischen Abstinenz (die sich in vielen Punkten auf Freud selbst bezieht). Charles Brenner wird demgegenüber als radikal abstinent, strikt auf die Übertragungsanalyse bezogen dargestellt.

Beide scheinen mir in einem Punkt verwandt (ob sie es tatsächlich sind oder nur von Janet Malcolm so dargestellt werden, läßt sich hier nicht entscheiden). Sie suchen nämlich nach einem Verhalten, das in allen Situationen «analytisch» ist. Und gerade daran kann ich nicht glauben. Der von Stone und Brenner diskutierte Punkt ist, ob man einem Patienten kondolieren soll, dem eben mitgeteilt worden ist, sein Vater sei gestorben. Stone sagte darauf, er würde selbstverständlich sein Mitgefühl ausdrücken; Brenner setzte dem entgegen, er würde es nicht tun. Stone will etwas Gutes und Nützliches: die mild positive Übertragung beziehungsweise das Arbeitsbündnis pflegen. Auch Brenner will etwas Gutes und Nützliches: nicht durch seine Sympathieäußerung dem Analysanden im Weg stehen, wenn er anläßlich dieser traurigen Nachricht auf den Einfall kommt, welch große Erleichterung es für ihn sei, daß sein Vater endlich das Zeitliche gesegnet hat.

Die Frau beklagte sich bitterlich über ihren Ehemann. «Du hast recht!» sagte der Rabbi. Der Ehemann kam und beklagte sich grimmig über seine Frau. «Du hast recht», sagte der Rabbi. Als beide voneinander erfuhren, was der Rabbi gesagt hatte, gingen sie zu ihm und warfen ihm vor, er könne doch nicht dem Mann *und* der Frau zustimmen. «Ihr habt recht», sagte der Rabbi.

York (Random House) 1982, Seite 38f. Deutsch unter dem Titel: Fragen an einen Psychoanalytiker. Zur Situation eines unmöglichen Berufs, Stuttgart (Klett-Cotta) 1983.

Die analytische Situation besteht nur dann, wenn die positive Übertragung letztlich stark genug bleibt, die Übertragungsverzerrungen immer wieder zu klären. Das heißt, daß auch der Analysand einen Glauben an die positive Gegenübertragung des Analytikers behalten muß. Wo er diesen dauerhaft verliert, wo er nicht mehr zu der Überzeugung zurückfinden kann, daß der Analytiker bei allen Meinungsverschiedenheiten neutral und wohlwollend bleibt und sich für eine Klärung der Situation des Klienten interessiert, sollte er ernsthaft überlegen, die Analyse zu beenden.

Manchmal suchen mich Analysanden auf, die in einer solchen verfahrenen Lage stecken. Sie fühlen sich von ihrem Analytiker schon längere Zeit unverstanden und falsch behandelt. Sie wenden sich nun an einen Dritten (manchmal aufgrund einer Veröffentlichung oder einer Empfehlung). Die Situation ist ähnlich schwierig wie die Beratung bei einem Ehestreit, die nur einer der Streitenden sucht. Der Rabbi zieht sich elegant aus der Affäre. Ich selbst versuche manchmal, leider weniger elegant, dasselbe zu erreichen.

Es kann sein, daß hier ein Analysand seine Übertragung spaltet, das heißt, über bestimmte Störungen und Ärgernisse nicht mit seinem Analytiker spricht, sondern mit einer dritten Person: dadurch gehen seiner Analyse Möglichkeiten verloren, die unverzichtbar wären. Es kann sein, daß hier ein Analytiker seine Gegenübertragung nicht mehr im Griff hat, daß er versucht, Widerstände zu brechen, statt sie zu analysieren. Und es kann sein, daß es beides ist und noch einiges dazu, was sich in einer Beratungsstunde gar nicht ermitteln läßt. Wenn freilich immer wieder Analysanden gerade von einem Kollegen kommen oder wenn man von dem betreffenden Therapeuten bereits gehört hat, ist es oft leichter, ein (Vor-)Urteil zu finden. Solche Beratungen sind nicht angenehm und meist für alle Beteiligten frustrierend. Aber sie sind sicher besser, als gar nichts zu tun. Manchmal gelingt es, das Vertrauen zum ursprünglichen Analytiker wiederherzustellen. In anderen Fällen wird eine Entscheidung erleichtert, die Therapie zu beenden, einen neuen Therapeuten zu suchen. Ich habe mir angewöhnt, in solchen Fällen zu vermeiden, selbst dieser neue Therapeut zu sein.

Das unlösbare Problem steckt hier darin, daß es in weiten Bereichen um Glauben und Vertrauen geht. Sind sie vorhanden, dann haben Analysand und Analytiker Erfolgserlebnisse, die sie ermutigen. Fehlen sie, dann ist es sehr schwer, solche Erfolge zu haben. Gefühle lassen sich nicht einklagen, nicht durch irgendwelche Techniken zuverlässig herstellen, allenfalls durch technische Fehler behindern und stören. Die Metapher der Analyse ist nicht die chirurgische Operation, sondern die künstlerische Gestaltung. Auch sie setzt technische Fertigkeiten voraus, aber gute Technik allein gewährleistet noch keinen Erfolg. Eine gelingende Analyse hängt ebenso wie eine gelingende Elternschaft oder Ehe damit zusammen, daß ein ständiger Prozeß gegenseitiger Bestätigung stattfindet, der Kritik und Enttäuschung überwiegt (und weil er sie überwiegt, kann Kritik geäußert werden, muß sie nicht als zu gefährlich unterdrückt bleiben).

Die Kinder vermitteln den Eltern, daß sie gute Eltern sind, die Eltern den Kindern, daß sie gute Kinder sind. Wenn dieser Prozeß entgleist, dann findet das Kind seine Eltern abscheulich und schlecht; diese entwerten das Kind als nichtsnutzig und ungezogen. Jeder hält sich dann durch diese Entwertung aufrecht – sie plombiert gewissermaßen das Leck, das durch die Enttäuschung entsteht, keine gute Mutter, kein guter Sohn zu sein. Auch Psychoanalysen können in dieser Weise entgleisen, obwohl ihr Sinn darin liegt, frühere Entgleisungen dieser Art aufzuklären und dadurch dem Patienten die Chance zu geben, daß nicht alle Beziehungen nach dem vertrauten Modell ablaufen. Diese Entgleisungen hängen damit zusammen, daß die Eltern eine unanalysierte Übertragung auf das Kind vollzogen (die dann vom Kind entsprechend erwidert wurde), eine unverrückbar feste Vorstellung davon, wie das Kind sein müsse, um der Eltern Wohlgefallen zu finden. Das Kind erwidert mit einer ebenso starren Vorstellung, wie richtige Eltern sein müßten. Beide gehen davon aus, daß es in einer Beziehung nur ein Gleis gibt, auf dem man sich treffen und aneinanderkoppeln muß.

Diese Erwartung bereitet nicht darauf vor, daß es immer anders kommt, daß bereits das Neugeborene für die Mutter, der Geliebte für die Verliebte dunkle Kontinente sind, unerforscht und immer nur in Teilen bekannt. Wo Liebe und Vertrauen ebenso ernst genommen werden wie Haß und Mißtrauen (mit dem sie untrennbar verknüpft sind), kann eine Beziehung entstehen, in der jeder auf seinem Gleis bleibt und doch Kontakt möglich ist. Die Analyse der Übertragung wird nur gelingen, wenn Psychologe und Klient immer wieder die Enttäuschungen verarbeiten können, daß sie einander fremd sind, daß sie sich mißverstehen und dennoch weiterhin daran glauben, daß diese Fremdheit und Andersartigkeit verdient, ernst genommen zu werden.

Der Analysand muß immer wieder verarbeiten, daß sein Analytiker dem Idealbild des «richtigen» Analytikers nicht entspricht, und wird gerade daraus Gewinn für seine Kontaktfähigkeit beziehen. Der Analytiker umgekehrt muß verarbeiten, daß es den idealen Analysanden nicht gibt, und wird gerade aus allem, was regel- und erwartungswidrig verläuft, den größten Nutzen für die Entwicklung seiner Fertigkeiten ziehen. Beiden droht die Gefahr, daß sie einander für unzulänglich halten – der Klient den Psychologen für inkompetent und vernagelt, der Psychologe den Klienten für unanalysierbar.

Die Gegenübertragung als Hilfsmittel

Was ist gemeint, wenn in neueren psychoanalytischen Texten steht, der Therapeut solle seinen Gegenübertragung nützen, um den Patienten zu verstehen? Zum Teil geht es um die klassische Aufgabe, den freien Einfällen des Analysanden mit den eigenen freien Einfällen zu folgen, um die Resonanz von Unbewußtem zu Unbewußtem auszunützen, jenen Prozeß, den Theodor Reik «Hören mit dem dritten Ohr» genannt hat. Otto Kernberg erzählt in einem Fallbericht, wie er während einer Analyse plötzlich Bilder vor sich sah, die aus einem Film stammten, den er kürzlich gesehen hatte: ein Mann tötet seine Geliebte auf eine besonders grausame Weise. Kernberg drängte dieses Bild zurück. Zehn Sitzungen später berichtete der Patient von Haßphantasien gegenüber seiner Ehefrau. Kernberg erkannte nun, daß er seinen Gegenübertragungseinfall als Material für die Analyse hätte nehmen sollen; dadurch wären dem Patienten zehn Stunden Arbeit erspart geblieben.*

Freilich scheint es fragwürdig, ob solche Ersparnisse realistisch sind. Schließlich ist es ein Unterschied, ob dem Patienten ein Einfall kommt oder dem Analytiker. Gerade bei Patienten, die viel schweigen, wird manchmal vorgeschlagen, der Analytiker sollte von sich aus sagen, was ihm zu diesem Schweigen einfällt. Ebenso kann es mit einer besonderen Abwehrsituation zusammenhängen, wenn der Analytiker bei einem bestimmten Analysanden immer müde wird, sich langweilt oder Ärger verspürt. Immer stellt sich dann die schwierige Aufgabe zu klären, wo die persönliche Problematik des Analytikers aufhört und eine spezifische Reaktion auf die Problematik des Patienten anfängt (die für diesen sehr lehrreich zu erfahren ist). Hier ein Bericht von «Aaron Green»,

* Janet Malcolm, a. a. O., S. 112.

dem Analytiker, der zu Janet Malcolm eine so positive Übertragung entwickelte, daß er ihr die Geheimnisse seiner Arbeit anvertraute:

> Ich hatte einmal eine Patientin, die mich schrecklich schläfrig machte. Ich konnte es zuerst nicht verstehen. Sie war keine langweilige Person. Sie assoziierte gut, sie war jemand, den ich mochte und achtete – ein sehr anständiger, ein wirklich *guter* Mensch. So schien es mir erst nicht möglich, daß diese fast erstickende Schläfrigkeit eine Reaktion auf sie persönlich sein könnte. Ich dachte, es müßte die Tageszeit sein – aber das war es nicht, denn sie hatte verschiedene Stundenzeiten an verschiedenen Tagen. Vielleicht war ich zu lange aufgeblieben? Ich trank schwarzen Kaffee, aber die Schläfrigkeit blieb bestehen, und schließlich dämmerte mir, womit sie zu tun hatte. Ich erkannte, daß die Patientin eine erotische Übertragung entwickelt hatte und sich selbst dagegen dadurch schützte, daß sie sich uninteressant und eintönig machte – wie sie es in ihrer Kindheit mit ihrem Vater gemacht hatte, und wie sie es in ihrem erwachsenen Leben mit den Männern tat, mit denen sie (aus irgendeinem unbekannten Grund) keine dauerhaften, befriedigenden Beziehungen aufnehmen konnte.

Später schildert «Aaron Green» auch die Überlegungen, durch die er zu dem Schluß kam, es sei tatsächlich eine Gegenübertragungsreaktion, die speziell mit dieser Patientin zusammenhing und die er therapeutisch verwerten konnte:

> Man muß die verschiedenen Fäden sorgfältig auseinanderhalten. Man muß unterscheiden, was die eigenen Reaktionen auf den Patienten über seine Psychologie sagen, und was sie lediglich über die eigene ausdrücken. In diesem Fall war es notwendig für mich, zwischen der Überempfindlichkeit zu unterscheiden, die ich fühle, wenn eine Patientin eine erotische Übertragung auf mich entwickelt, und der besonderen Langeweile, die ihr Verhalten auslöste. Das Überempfindlichkeitsgefühl hängt mit meiner Angst vor Verführung zusammen: hier ist diese Person in meiner Obhut, die mir

vertraut und intensive kindähnliche Gefühle mir gegenüber entwickelt hat – Übertragung genannt –, und hier bin ich, gereizt und erschreckt, weil ich auf gar keinen Fall mich darauf einlassen darf... Die Schläfrigkeit war etwas anderes. Sie hatte nichts mit mir persönlich zu tun. Sie wurde in mir ausgelöst, wie sie bei ihrem Vater ausgelöst wurde und dann bei den Männern, denen sie als erwachsene Frau begegnete. Ich reagierte nur auf sie, wie andere früher reagiert hatten, wie jeder auf sie reagieren würde.*

Nicht anders als im klassischen Deutungsprozeß sammelt der Analytiker in seiner Gegenübertragung eine Fülle von Eindrücken. Sein Beitrag zum therapeutischen Geschehen liegt nun darin, daß er dem Analysanden vermitteln kann, was für diesen verwertbar ist. Man könnte den Analytiker mit einem externen Magen vergleichen, einem Verdauungsorgan, das vom Analysanden für sein Selbstverständnis und seine seelische Entwicklung nicht verwertbare, ungenießbare oder unverdauliche Stoffe so verwandelt, daß er sie aufnehmen kann. Die positive Übertragung entspricht dann dem Vertrauen, daß überhaupt genießbare Speisen auf den Tisch kommen; die Gegenübertragung beschäftigt sich mit den Unverträglichkeitsreaktionen innerhalb des Verdauungsorgans und versucht, diese durch Rückkopplung mit dem Analysanden zu beheben.

In dem von Janet Malcolm geschilderten Fall fing der Analytiker an, bei jeder Gelegenheit, in der sich Anhaltspunkte dazu im analytischen Material fanden, die Patientin darauf hinzuweisen, daß sie versuchte, die sexuelle Seite der Beziehung zu vermeiden. Wenn sie in den Raum kam, schaute sie ihn zum Beispiel nicht an. Sie schlüpfte an ihm vorbei und legte sich so auf die Couch, daß sie mit dem Gesicht zur Wand lag. Einmal kam es dazu, daß der Analytiker im selben Augenblick das Praxisgebäude betrat wie die Patientin. Sie fuhren beide gemein-

---

* Janet Malcolm, a. a. O., S. 114f.

sam im Aufzug nach oben. Er konnte beobachten, daß es für die Analysandin eine Qual war, ihm so nahe zu sein. Er konnte sie dazu bringen, über ihre Panik bei diesem Vorfall zu sprechen und die Gründe dafür zu untersuchen. (Dies ist auch ein Hinweis darauf, wie fruchtbar geringfügige Abweichungen von der Abstinenzregel sein können. Ein von regelgläubigen Analytikern beauftragter Architekt würde selbstverständlich getrennte Aufzüge für Therapeuten und Patienten planen!) Der Analytiker war jetzt auf dieses Abwehrmanöver der Patientin eingestellt und achtete besonders darauf. So tauchte allmählich das Thema ihrer Sexualität und ihrer Beziehungen zu Männern auf. Sie fing an, sich eher zu erinnern als die Rache an ihrem Vater zu wiederholen, die in ihrer Asexualität und Kälte steckte. Und der Analytiker hörte auf, schläfrig zu sein.

Projektive Identifizierung

Ein Begriff, der im Zusammenhang mit Übertragung und Gegenübertragung steht, ist die «projektive Identifizierung». Er hängt mit einer Schule innerhalb der Psychoanalyse zusammen, die von Melanie Klein und ihren Schülern (Winnicott, Fairbairn, Guntrip) begründet wurde. An sich beruhen alle «analysepflichtigen» Übertragungen darauf, daß der Analytiker zu einer Person verzerrt wird, die in der Lebensgeschichte des Analysanden eine Rolle spielte. Dabei macht es wenig Unterschied, ob es sich um reale oder phantasierte Gestalten handelt – oder (was wohl der häufigste Fall ist) um Mischungen aus beiden. Wer mit seinen wirklichen Eltern unzufrieden ist, erfindet andere, bessere; der Analytiker soll nun beispielsweise deren Rolle übernehmen.

Mit projektiver Identifizierung ist gemeint, daß der Analysand den Analytiker gewissermaßen zwingt, eine Rolle zu übernehmen, die er selbst früher gespielt hat. Es gehört zur Dramaturgie des Unbewußten, daß Rollen austauschbar sind. Wenn ich träume, daß mich ein Menschenfresser verfolgt, dann bin ich beides – ängstlich fliehendes Opfer *und* zähnefletschender Verfolger. Melanie Klein hat Reihen von «Teilobjekten» (Milch, Brust, Penis und so weiter) aufgestellt, von denen es zwei Gruppen gibt (gute Brust – schlechte Brust und so weiter). Der «frühgestörte» Patient, dessen seelische Probleme in der Zeit vor dem Ödipus-Dreieck wurzeln, verlegt solche Teilobjekte nach außen, in den Analytiker hinein (er projiziert sie), und nimmt sie vom Analytiker wieder in sich auf (er introjiziert sie). Ein Beispiel, das Kernberg auf einem Kongreß erzählt hat, der zum Thema der projektiven Identifizierung in Tel Aviv stattfand*, kann das deutlich machen.

> Kernberg behandelt einen solchen «frühgestörten» Patienten, dessen Verhalten sich dadurch auszeichnet, daß er in Krisen den Analytiker nicht mehr als neutrales, wohlwollendes Objekt erleben kann und Gefahr läuft, den Kontakt zur Realität zeitweilig zu verlieren. Dieser Patient lernt in dem Gebäude, in dem Kernberg arbeitet, eine Frau kennen, mit der dieser früher einmal befreundet war. (Über die Art dieser Freundschaft sagt Kernberg nichts). Wie meist in seinen Beziehungen zu Frauen kann der Patient den Kontakt nicht lange aufrechterhalten. Er bedrängt seine neue Bekannte, will ganz genau Bescheid über ihre Gefühle wissen und entwickelt die Phantasie, der Analytiker habe sie vor ihm gewarnt, weil sie sich immer mehr entzieht und endlich die Beziehung beendet. Dabei erfährt der Patient auch, daß sie früher einmal Kernberg gut gekannt hat. Er kommt in einem Zustand hochgradiger aggressiver Erregung in die Sitzung, so daß Kernberg anfängt, sich um sich und sein Mobiliar Sorgen zu machen. So beschließt der Analytiker, aus seiner Neutralität herauszutreten. Er könne unter solchen Bedingungen nicht arbeiten, der Patient müsse ihm erst ver-

---

* Vgl. den Bericht von R. Zwiebel, Das Konzept der projektiven Identifizierung, in: Psyche 39, S. 456f., 1985.

sprechen, weder ihn zu verletzen noch die Einrichtung zu beschädigen. Nach kurzem Ringen mit sich ist der Patient zu diesem Versprechen bereit. Jetzt kann Kernberg die projektive Identifizierung deuten: der Patient habe ihn dazu gebracht, sich so zu fühlen, wie er (der Patient) sich selbst als Kind gefühlt habe, wenn er den brutalen Angriffen seines Vaters schutzlos ausgesetzt war. Der Patient kann diese Deutung schrittweise akzeptieren und der Versicherung Kernbergs Glauben schenken, er habe die betreffende Frau vor einigen Jahren zuletzt getroffen und seither keinen Kontakt mit ihr gehabt. Er beruhigt sich und kann so viel Selbstdistanz gewinnen, daß er erkennt, es sei wohl sein eigenes, inquisitorisches Verhalten gewesen, das zum Scheitern der Beziehung mit der Bekannten seines Analytikers geführt habe.*

Auch an diesem Beispiel läßt sich verfolgen, wie die Gegenübertragung zum Werkzeug wird, das hilft, die analytische Situation wiederherzustellen, die durch ein Versagen der Abstinenz bedroht ist. Kernberg ist natürlich unschuldig daran, daß sein Patient ausgerechnet eine Frau trifft, mit der er früher selbst zu tun hatte. Glücklicherweise ist die Beziehung inzwischen beendet; wie wäre es wohl ausgegangen, wenn der Patient eine aktuelle Freundin des Analytikers kennengelernt hätte?

Das sind nicht nur lästerliche Phantasien. Ich selbst habe einmal mit einer Klientin gearbeitet, die während einer früheren Analyse ein Verhältnis mit dem Ehemann ihrer Analytikerin anfing, das sie in der Analyse zwei Jahre lang (bis diese beendet wurde) verschwieg. Man kann sich vorstellen, daß diese Behandlung wirkungslos blieb. Vielleicht hat sie sogar die Fähigkeit meiner Klientin, offene Beziehungen mit Männern zu leben, dauerhaft beeinträchtigt. Freud nannte das den «Triumph der Neurose über die Kur». Die Übertragung wurde nicht analysierbar. Im Gegenteil diente die Familie der Analytikerin

* R. Zwiebel, a.a.O., S. 464.

einer Wiederholung der ödipalen Situation. Sie wurde benutzt, um die inzestuösen Phantasien nicht nur zu verdrängen, sondern die Verdrängung auch noch ethisch zu rechtfertigen. Die Analysandin *mußte* die Beziehung zum Ehemann der Analytikerin schließlich verschweigen, weil sie sonst deren Ehe gefährdet hätte. Was Helene Deutsch nur geträumt hatte, wurde ihr zuteil. Aber oft ist es besser, (Tag-)Träume zu analysieren, als sie zu leben.

6
Phantasie und Wirklichkeit

Vor einiger Zeit führte ich in einer Woche zwei Beratungsgespräche mit Frauen. Sie waren etwa gleich alt, beide beruflich zufrieden und erfolgreich. Auch ihre Schwierigkeiten waren ähnlich: sie konnten keine feste Beziehung zu einem Mann finden, waren die lockeren Verhältnisse müde, sehnten sich nach einem ruhigen, ausgeglichenen und doch nicht einsamen Privatleben, nach einer Familie und Kindern. Nur in einem Punkt unterschieden sie sich bereits im Erstgespräch völlig. Die eine sagte nämlich, ihre Kindheit sei wunderschön gewesen, sie habe sich von Vater und Mutter immer verstanden und umsorgt gefühlt, nein, da habe es nie Probleme gegeben. Die andere hingegen sagte, sie könne sich an keinen einzigen glücklichen Tag ihrer Kindheit erinnern. Ihr Vater sei ein Tyrann gewesen, vor dem alle Angst gehabt hätten, der seine Kinder schlug und zwang, in der kleinen Fabrik zu arbeiten, die er nach dem Krieg aufbaute. Und die Mutter sei ein Waschlappen gewesen, unfähig, sich auch nur ein einziges Mal gegen diesen Choleriker durchzusetzen, der sich und allen anderen keine ruhige Minute ließ.

An solche Szenen muß ich denken, wenn ich höre, daß wieder einmal «bewiesen» worden ist, die «Auffassung der

Psychoanalyse» sei falsch, wonach «Neurosen in Kindheitstraumen wurzeln». Wenn ich dieser Lehre anhängen würde, überlege ich weiter, dann müßte ich doch meiner ersten Klientin vermitteln, ihre Auffassung von einer rundum glücklichen Kindheit sei in Frage zu stellen. Das hätte ich – gesetzt den Fall, es käme zu einer Therapie – tatsächlich vor. Ist damit bewiesen, daß die Psychoanalytiker allen Menschen einreden wollen, sie hätten eine unglückliche Kindheit gehabt?

Wohl kaum. Denn ich halte es für eine ebenso unverzichtbare Aufgabe der Analyse nachzuprüfen, ob die Kindheitserinnerungen meiner *zweiten* Klientin nicht bedeutungsvoll einseitig sind, obwohl sie mit jedem Wort das populäre Urteil zu bestätigen scheint, daß eine unglückliche Kindheit mit einem schweren Schicksal im Erwachsenenleben zusammenhängt. Nur Unverständnis der Psychoanalyse (oder aber die Absicht, sie mißzuverstehen) kann ihr unterstellen, daß sie Ursache-Wirkungs-Zusammenhänge zwischen seelischen Verletzungen in der Kindheit und neurotischen Schwierigkeiten im Erwachsenenleben herstellt. Sie beschäftigt sich mit der *Bedeutung* der Kindheit für den Erwachsenen.

Die Integration von Seiten unserer Persönlichkeit, die allgemein als kindlich, ja kindisch abgewertet werden, ist ein wichtiges Ziel der Psychoanalyse. Wozu sonst würden Analytiker ihre Patienten auffordern, vom Hundertsten ins Tausendste zu fabulieren? Das ist eine ausgesprochen kindische Beschäftigung, die meine dreijährige Tochter besser beherrschte, als es mir während meiner Lehranalyse je gelingen wollte. Die Beziehungen zwischen Kind und Erwachsenem, zwischen Natur und Kultur, zwischen Trieb und Gesellschaft interessieren die Psychoanalyse, nicht der Kausalzusammenhang zwischen einem irgendwie definierten «Kindheitstrauma» und einem ebenso willkürlich definierten neurotischen Symptom.

Meist wird ein Teil des Mißverständnisses, das argwöhnischen Gegnern dazu dient, die Psychoanalyse anzugreifen und zu verwerfen, durch die Analytiker mit verursacht. Die Geschichte der Gedanken Freuds ist nicht zuletzt deshalb ein so lehrreicher und interessanter Gegenstand, weil sie eine Fülle von Anschauungsmaterial dafür liefert, wie schwer es den Menschen fällt, komplexe Realitäten so komplex zu betrachten, wie sie sind. Immer ist die Versuchung groß, sie zu vereinfachen, Teile auszublenden, die ein Prinzip verwirren, von dem man endlich hoffen möchte, daß es immer und überall gilt. Wer sich nicht immer wieder verblüffen lassen will und keinen Wert darauf legt, sich die Fähigkeit zu erhalten, Erleuchtungen und Erklärungen immer wieder verdunkelt und getrübt zu sehen, ist mit der Psychoanalyse wahrhaftig schlecht bedient. Freud hat lange gebraucht, um diese Offenheit zu gewinnen. Sein eigenes Bedürfnis nach Übersicht und Kausalität war so groß, daß er längere Zeit hoffte, alle Neurosen unmittelbar auf sexuelle Traumen zurückführen zu können: Die Hysterie auf eine Reizung oder Verletzung der Geschlechtsorgane in der frühen Kindheit, die Neurasthenie auf Selbstbefriedigung, die Angstneurose auf den unterbrochenen Geschlechtsverkehr. Weil diese Vorstellungen so schön einfach sind, haben sie eine große Anziehungskraft bewahrt. Sie entsprechen dem Bedürfnis nach faßbaren Zusammenhängen. Weil mich meine Eltern als Kind schreien ließen, weil sie mich streng zur Sauberkeit erzogen, bin ich heute von Gefühlen der Einsamkeit geplagt und in meinen Möglichkeiten gehemmt, Gefühle auszudrücken.

Solche Traumatheorien sind aber kein Ergebnis der Psychoanalyse. Allenfalls sollten sie ein Gegenstand analytischer Forschung sein: Welche Bedeutung verleiht ein Erwachsener seiner Kindheit? Das heißt nun nicht, daß in der klassischen Psychoanalyse behauptet wird, die Kränkungen und Verletzungen der kindlichen Persönlichkeit seien «reine Phantasie». Es ist auch nicht so, daß sich die Analyse auf die Seite der

Erwachsenen, der Eltern, der triebfeindlichen Gesellschaft schlägt und dem Kind vermittelt, es habe sich das alles nur eingebildet.* Hören wir Freud selbst:

> Wenn die durch die Analyse zutage geförderten infantilen Erlebnisse jedesmal real wären, hätten wir das Gefühl, uns auf sicherem Boden zu bewegen, wenn sie regelmäßig gefälscht waren, sich als Erfindungen, als Phantasien der Kranken enthüllten, müßten wir diesen schwankenden Boden verlassen und uns auf einen anderen retten. Aber es ist weder so noch so, sondern der Sachverhalt ist nachweisbar der, daß die in der Analyse konstruierten oder erinnerten Kindheitserlebnisse einmal unstreitig falsch sind, das andere Mal aber ebenso sicher richtig und in den meisten Fällen aus Wahrem und Falschem gemengt.**

Für den Analysanden gilt dasselbe wie für den Schriftsteller, der ebenfalls seine Kindheitserinnerungen nur als eine Verbindung von «Dichtung und Wahrheit» (so der Titel von Goethes Autobiographie) verfassen kann. Aber der Poet tut sich leichter mit der Vermischung von Traum und Wirklichkeit als der Naturforscher. Freud erinnert sich noch viele Jahre später an die Ratlosigkeit und Verwirrung, in die ihn seine Entdeckung stürzte, daß viele der von ihm zunächst als «wirklich» eingestuften Verführungsszenen in der Kindheit seiner Patientinnen Phantasiegebilde waren. «Wir sind in Versuchung, beleidigt zu sein, daß uns der Kranke mit erfundenen Geschichten beschäftigt hat», sagt er. Dann aber findet er die für ihn cha-

---

* Solche Zerrbilder der Auffassungen Freuds sind gerade in jüngster Zeit populär geworden, vgl. Alice Miller, Du sollst nicht merken, Variationen über das Paradies-Thema, Frankfurt (Suhrkamp) 1981 und Jeffrey M. Masson, Was hat man dir, du armes Kind, getan? Sigmund Freuds Unterdrückung der Verführungstheorie, Reinbek (Rowohlt) 1984.

** S. Freud, Vorlesungen zur Einführung in die Psychoanalyse 23, Studienausgabe Band I, Frankfurt (Fischer) 1968, S. 358.

rakteristische Wendung: er wundert sich darüber, daß er beleidigt ist, und gewinnt einen gänzlich neuen Gesichtspunkt. «Die Wirklichkeit erscheint uns als etwas von der Erfindung himmelweit Verschiedenes, und sie genießt bei uns eine ganz andere Einschätzung», fährt er fort. Schließlich verlegt er die einst eigene Einstellung in seinen Analysanden, der von dem überzeugt werden muß, was Freud auf langen Umwegen erkannt hat:*

> Denselben Standpunkt nimmt übrigens auch der Kranke in seinem normalen Denken ein. Wenn er jenes Material vorbringt, welches hinter den Symptomen zu den Wunschsituationen führt, die den Kindererlebnissen nachgebildet sind, so sind wir allerdings anfangs im Zweifel, ob es sich um Wirklichkeit oder um Phantasien handelt. Später wird uns die Entscheidung durch gewisse Kennzeichen ermöglicht, und wir stehen vor der Aufgabe, sie auch dem Kranken bekannt zu geben. Dabei geht es nun auf keinen Fall ohne Schwierigkeiten ab. Eröffnen wir ihm gleich zu Beginn, daß er jetzt im Begriffe ist, die Phantasien zum Vorschein zu bringen, mit denen er sich seine Kindheitsgeschichte verhüllt hat wie jedes Volk durch Sagenbildung seine vergessene Vorzeit, so bemerken wir, daß sein Interesse für die weitere Verfolgung des Themas plötzlich in unerwünschter Weise absinkt. Er will auch Wirklichkeiten erfahren und verachtet alle «Einbildungen». Lassen wir ihn aber bis zur Erledigung dieses Stückes der Arbeit im Glauben, daß wir mit der Erforschung der realen Begebenheiten seiner Kinderjahre beschäftigt sind, so riskieren wir, daß er uns später Irrtum vorwirft und uns wegen unserer scheinbaren Leichtgläubigkeit verlacht.

An die letzte Möglichkeit glaube ich nicht so recht – ich vermute eher, daß sich hier Freuds alte Enttäuschung noch einmal wiederholt. Eine Geschichte ist eine Geschichte, ob sie erfunden ist oder sich wirklich so abgespielt hat! Mir scheint, daß der Analytiker in der Regel mehr Schwierigkeiten mit die-

---

* S. Freud, Vorlesungen, a.a.O., S. 359.

sem Problem hat als der Analysand, der laut Freud lange Zeit den Vorschlag nicht versteht, Phantasie und Realität gleichzustellen, sich nicht mehr darum zu kümmern, ob die zu klärenden Kindheitserlebnisse das eine oder das andere seien. Nun, Freud hatte dafür lange Zeit kein Verständnis; er hat es sich mühevoll genug errungen, und wie viele solche Errungenschaften ist auch diese immer wieder in Gefahr verlorenzugehen. Entweder hat der Kaiser neue Kleider an – oder er ist nackt! Entweder das Kind hat sich seine Leiden «eingebildet», oder die Eltern waren «wirklich» grausam. Die seelische Realität, ein subtiles Gewebe aus Phantasie und Wirklichkeit, kann mit so groben Zweiteilungen nicht erfaßt werden. Es ist ein Mißverständnis (von dem Miller und Masson nicht frei sind), die Untersuchung solcher «Zusammensetzungen» (das besagt schließlich der Begriff «Komplex») mit einer Parteinahme zu verwechseln. Wir fallen hinter ein schon gewonnenes Verständnis über die Natur des Unbewußten zurück, wenn psychoanalytische Autoren beginnen, gegen vermeintliche Unterstellungen zu protestieren, etwas sei «*nur* Phantasie». Dieses «nur» macht einen mühsamen Erkenntnisweg wieder rückgängig. Sollte ein platter Wirklichkeitsbegriff notwendig sein, um menschlichen Phantasien respektvoll zu begegnen? Ich kann darin keine sinnvolle Kritik und auch keine Weiterentwicklung der Freudschen Methode sehen.

Fixierung und Regression

Fixierung heißt Festlegung, Regression Rückkehr. Beide Begriffe sind wichtig, um belastende Kindheitserfahrungen zu verstehen. Die ursprünglich aus der hypnotisch-kathartischen Behandlung gewonnene Erkenntnis, daß hysterische Kranke an unbewußt gewordenen Erinnerungen leiden, eröffnet einen sonst nicht möglichen Zugang. Das Symptom ist kein isoliertes Bruchstück, kein Signal dafür, daß überzüchtete Nervenzellen ihren Dienst versagen. Es hat eine Geschichte und damit einen Sinn. Dabei wurden die Vorstellungen, wie dieser Sinn zustande kommt, im Lauf der Zeit immer «dynamischer». Vom Dampfkesselmodell der «eingeklemmten Affekte» entwickelte sich die Psychoanalyse zur Untersuchung von Widerstand und Übertragung.

Wenn eine Frau eine Enttäuschung in einer Liebesbeziehung erlebt, kann sie versuchen, ihre Trauer zu bewältigen, indem sie Bindungen der Vergangenheit wiederbelebt: an eine Schulfreundin, an einen früheren Freund, an die Eltern. Es kann aber auch geschehen, daß sie sich in sich selbst zurückzieht und beginnt, übermäßig zu essen. Aus diesem Symptom können sich dann weitere entwickeln – zum Beispiel ein Wechsel zwischen Freß- und Hungerperioden, der Mißbrauch von Abführmitteln (die jede mit Heißhunger verschlungene Mahlzeit wieder möglichst rasch aus dem Körper schaffen sollen), oder willkürlich herbeigeführtes Erbrechen, das nicht wie zur römischen Kaiserzeit als Mittel zur Steigerung des Genusses empfunden wird, sondern als Schmach und Schande.

Das psychoanalytische Modell geht in einem solchen Fall davon aus, daß die Libidoorganisation nicht stabil ist. Die Frau wendet sich nicht, von einem Sexualobjekt enttäuscht, dem nächsten zu. Sie kann nicht realistisch erkennen, welche Gründe in ihr, welche in ihrem Partner für das Scheitern der Beziehung verantwortlich waren. Abwechselnd sucht sie die ganze Schuld bei ihm oder bei sich selbst. Entweder sind alle Männer Chauvis, gefühlskalte, egoistische Ungeheuer, oder sie ist eine totale Versagerin. (Es ist leicht zu verstehen, daß diese Überzeugung die Aufnahme einer neuen Liebschaft erschwert und wohl auch für das Scheitern der alten mitverantwortlich war.)

Wie aber entsteht diese unrealistische Haltung? Wie kommt es, daß die erotische Triebkraft, die doch so unermüdlich sein, so große Hindernisse überwinden kann, sich selbst in einem scheinbar sinnlosen Kampf zwischen Essen und Erbrechen verzehrt? Mir erscheint als das Entscheidende, daß uns die Psychoanalyse eine Methode in die Hand gibt, diese Entwicklung im einzelnen Fall in ihrer Einzigartigkeit zu erforschen. Weniger wichtig, aber für diese Forschung nützlich ist ein Skelett dürrer Begriffe, die versuchen, ein Gerüst zu entwerfen, in dem – vergleichbar etwa einem Koordinatensystem – die Struktur solcher Entwicklungen verdeutlicht werden kann. Auf diese Weise ist es für den Analytiker leichter, sich zu orientieren. Freilich läuft er auch Gefahr, schematisch vorzugehen und am Ende nur noch die von ihm selbst versteckten Ostereier wieder aufzufinden.

Eine erste, relativ schlichte Erklärung für das Schicksal der hier zum Beispiel gemachten Frau wäre die, daß sie aufgrund einer gestörten Beziehung zu ihrer Mutter keine Gelegenheit hatte, sich mit einem realistischen Frauenbild zu identifizieren. Sie hat sich gesagt: ich darf auf gar keinen Fall so werden wie meine Mutter! Aber das erschließt keine Orientierung, die für feste Gefühlsbeziehungen nützlich ist, sondern schärft allenfalls die Waffen von Trotz und Rückzug. Eine Möglichkeit, solche Entwicklungen genauer zu differenzieren, liegt in der sogenannten «Libidotheorie», aus der auch die Begriffe von Fixierung und Regression stammen. Sie geht davon aus, daß die reife, genitale (das heißt: auf die Geschlechtsorgane zentrierte) Sexualität des Erwachsenen in einem langen, verwickelten und auch störbaren Prozeß zustande kommt. Teiltriebe, die sich auf die erotische Reizung von Mund und After richten, die sich an Gegenstände knüpfen (Fetischismus) oder Mischungen aus Schmerz und Lust bilden (Sadismus, Masochismus) müssen in eine liebevolle, auf gegenseitige sexuelle Befriedigung gerichtete Beziehung eingebaut werden. Diese setzt sich aus ihnen zusammen. Der erwachsene Liebende muß sich mit dem Kind, das in ihm steckt, versöhnt haben, will er nicht in seinem Sexualleben beeinträchtigt bleiben.

Daß Freud von einer «polymorph-perversen» Sexualbetätigung des Kindes sprach, hat ihm viel Kritik eingetragen – aber auch viel Aufmerksamkeit. Wer öffentlich gehört werden will, tut gut daran, die Öffentlichkeit auch ein wenig zu schockieren. Ob dieses Gesetz Freud bekannt war, weiß ich nicht. Indem er unerschrocken das Verabscheute – nämlich die Perversionen, welche damals die Wissenschaft recht intensiv beschäftigten – und das Reine – nämlich die unschuldigen Kinder – miteinander verband, verdarb er die Unschuld (für seine Kritiker) oder gab der angeblich «abartigen», perversen Sexualbetätigung ihr Naturrecht zurück. Denn wenn Kinder pervers sind, die doch dem naturwüchsigen Zustand des Menschen näherstehen, dann fällt die Bewertung «Perversion», soweit sie abschätzig und ausgrenzend gemeint ist, auf den zurück, der sie ausspricht.

Freud hat die Libidoentwicklung mit der Wanderung eines Volkes verglichen. Wenn es sich aufmacht, um neue Wohnstätten zu suchen, dann wird es nicht vollzählig am Ziel ankommen. Von anderen Verlusten abgesehen, werden sich größere oder kleinere Gruppen von der Hauptmenge trennen und sich entlang der durchwanderten Strecke niederlassen. Je stärker nun solche Abspaltungen und Ansiedlungen sind, desto größer wird auch die Gefahr, daß die Hauptmasse des Volkes sein Ziel nicht mehr erreicht. Hindernisse, die mit der vollen Zahl bewältigt werden könnten, erweisen sich nun als unüberwindlich. «Je stärker die Fixierungen auf dem Entwicklungsweg, desto eher wird die Funktion den äußeren Schwierigkeiten durch Regression bis zu jenen Fixierungen ausweichen», sagt Freud.*

Mir scheint, daß Neuerer innerhalb und Kritiker außerhalb der Psychoanalyse diesen kreativen Entwurf Freuds gar nicht

---

* S. Freud, Vorlesungen, a.a.O., S. 335.

mehr wahrnehmen, wenn sie sagen, sie hätten die Libidotheorie überwunden (wie Alice Miller) oder als reine Spekulation entlarvt (wie Christof Eschenröder). Beide Auffassungen reduzieren diese Entwicklungstheorie, die darauf hin entworfen ist, den Blick des Analytikers (und damit auch den des Patienten) zu schärfen, auf ein dummes und schematisches Modell, wonach es Freud um orale Befriedigung oder um Sauberkeitserziehung gegangen sei. Ich würde die Libidotheorie auch ablehnen, wenn sie derart primitiv wäre, wie sie vor allem von Eschenröder gemacht wird.

Wie schon viele Freud-Kritiker vor ihm pickt er sich einzelne Aussagen heraus, übersieht alle übrigen und widerlegt dann diese Einzelaussagen mit Einwänden, die genauso schon in Freuds Arbeiten aufzufinden sind. Über den Ödipuskomplex etwa sagt Eschenröder: «Es handelt sich hier nicht um allgemein-menschliche Phänomene, die auf Vorgänge in der Urgeschichte der Menschheit zurückgehen, sondern um das Ergebnis bestimmter Erziehungsmaßnahmen und Interaktionsweisen in der Familie.» *

Natürlich ist der Ödipuskomplex auch für Freud *beides*: Ergebnis familiärer Interaktion und Teil der menschlichen Urgeschichte. Die praktische Psychoanalyse widmet sich gerade dem Studium familiärer Interaktionen mit einer Intensität, die es vor ihr nicht gegeben hat und deren Informationsreichtum sicher über den der Fragebogenstudien weit hinausgeht, mit denen Eschenröder Freuds Konzept des «analen Charakters» widerlegen möchte.

Wenn sich Freud zu Vorstellungen versteigt, wie der, die Männer der Urzeit hätten das Feuer gewonnen, weil sie sich enthalten konnten, es mit dem Harnstrahl zu löschen, oder die

---

* Christoph T. Eschenröder. Hier irrte Freud. Zur Kritik der psychoanalytischen Theorie und Praxis, München (Urban und Schwarzenberg) 1984, S. 108.

Frauen hätten das Flechten und Weben entdeckt, weil sich Gräser in ihrem Schamhaar verfingen und sie daraus ihre ersten Schürzen fertigen konnten, dann sind das Spekulationen, die mehr über ihn und über das viktorianische Zeitalter sagen als über die Kulturgeschichte.

Die Psychoanalyse darf nicht an einzelnen Einfällen gemessen werden, selbst wenn es Freuds Einfälle sind. Nur ein borniertes Analytiker wird deshalb einen Penisneid annehmen, weil Freud geschrieben hat, daß solche Phantasien bei Frauen vorkommen. Freud hat nämlich auch geschrieben, daß der Analytiker keinen Erfolg haben wird, wenn er sich nicht strikt an das hält, was sich im Rahmen des analytischen Dialogs als gültig erweist. Was den Penisneid angeht, so hat eben jene Methode, die Freud geschaffen hat, sein ursprüngliches Konzept verändert. Mit Marie Torok vermuten heute viele Analytiker, daß das Organ ein Symbol ist, ein Zeichen für die verlorenen, autonomen sexuellen Empfindungen *im* Körper der Frau.*

Ich finde es wesentlich, daß sich solche Erweiterungen innerhalb der Psychoanalyse ergeben. Um sie zu finden, ist es keineswegs notwendig, Freud nun einen Irrtum oder ein böswilliges Manöver zur Unterdrückung der Frau nachgewiesen zu haben. Nach der bisherigen historischen Erfahrung haben Autoren, die sich vor allem dadurch profilierten, daß sie Freud widersprochen und «widerlegt» haben, auch die Psychoanalyse vereinfacht, vergröbert, ihrer kulturkritischen Aspekte beraubt, zu einer Bewußtseinspsychologie verflacht oder eine weltliche Theologie aus ihr geformt.

Der Zwang, sich erst einmal gegen Freud zu wenden, drückt für meine Erinnerung (denn ich habe ihm in einem früheren

---

* Marie Torok, Der Penisneid, in: Janine Chasseguet-Smirgel, Psychoanalyse der weiblichen Sexualität, Frankfurt (Suhrkamp) 1974.

Text auch am Zeug geflickt)* die Angst vor der suggestiven Kraft des großen Entdeckers aus. Heute glaube ich, daß man jede von Freuds Äußerungen ruhig stehenlassen und ernst nehmen kann, ohne in seiner eigenen Entwicklung und Meinungsäußerung im geringsten behindert zu sein. Für mich entstand diese tolerantere Haltung aus einem Verständnis für die poetischen Seiten der Psychoanalyse. Man wird auch die Visionen eines Dichters nicht verwerfen, weil sie den eigenen widersprechen. Vielleicht kann man sogar versuchen, ihn immer besser in seiner unverwechselbaren Eigenheit zu verstehen, nicht um sich ihm anzupassen und ihn nachzuahmen, sondern um sich selbst genauer kennenzulernen.

Ich hoffe, die Abschweifung rechtfertigt sich aus dem Zusammenhang mit dem Modell der Libidotheorie, der Fixierung und der Regression. Sie soll zeigen, daß es zwar möglich ist, aus dem analytischen Schrifttum mechanistische Aussagen über eine Beziehung zwischen Kindheitserlebnissen und späteren neurotischen Symptomen herauszuziehen. Diese Aussagen werden aber dem Sinn der Psychoanalyse als Forschungs- und Therapiemethode sowenig gerecht wie der Nachweis aus der Faust-Dichtung, daß Goethe an Hexerei geglaubt hat. Als Musterbeispiel, wie ein Autor seine Vorurteile zuerst in die Psychoanalyse projiziert, um sie dann eifrig durch sein kritisches Denken zu entkräften, hier noch ein von Hansjörg Hemminger ausgesponnenes Beispiel:

---

* Wolfgang Schmidbauer, Vom Es zum Ich. Evolutionstheorie und Psychoanalyse, München (dtv) 1976.

Ein Student kommt mit schweren Lernstörungen und einer Neigung zur Apathie in psychotherapeutische Behandlung. Man stellt fest, daß dieser Mann als kleines Kind viel kritisiert und wenig gelobt wurde, und wir wollen annehmen, die Feststellung sei sachlich richtig. Trotzdem hat der Student mit gutem Erfolg sein Abitur abgelegt, aber jetzt in der Studiensituation versagt er völlig.

Nach orthodoxer Deutung der Tiefenpsychologie beruht das aktuelle Symptom des Studenten auf seiner kleinkindlichen Mangel- und Angsterfahrung.*

Hier verwechselt Hemminger eine schematische Lerntheorie mit «Tiefenpsychologie». Es gibt keine orthodoxe Tiefenpsychologie (vielleicht eine orthodoxe Psychoanalyse, die aber kein so naiv gestricktes Traumakonzept hat). Was Hemminger für orthodox-tiefenpsychologisch hält, ist eine bewußtseinspsychologische Aussage, die am ehesten den Vorstellungen Alfred Adlers entspricht: der Student ist als Kind «entmutigt» worden, was sich in seinem späteren Leben nachteilig auswirkt. Hemminger versucht nun, den guten Erfolg beim Abitur als Beispiel dafür anzuführen, daß die Traumatheorie doch nicht stimmen kann. Wenn der Student in der Schule gut war, aber mit dem Studium nicht zurechtkommt, kann das damit zusammenhängen, daß er mit der geregelten, außengeleiteten Lernsituation in der Schule besser umgehen konnte als mit der Studiensituation, die er selbst gestalten muß. Solche Aussagen sind relativ allgemein und tragen zum Verständnis solcher Lernstörungen wenig bei.

---

* Hansjörg Hemminger, Kindheit als Schicksal? Die Frage nach den Langzeitfolgen frühkindlicher, seelischer Verletzungen, Reinbek (Rowohlt) 1982, S. 37.

Ein Student kommt in die Therapie, weil er sich nicht konzentriert auf eine Zwischenprüfung vorbereiten kann. Er hat das Abitur und auch ein vorausgehendes Studium mit hervorragenden Noten absolviert, ist in einer Theatergruppe sehr erfolgreich und hatte auch die Vorstellung, er würde dieses zweite Studium mühelos bewältigen. Seine Kindheit war sehr belastet, er kommt aus einfachen Verhältnissen, die Mutter hatte Beziehungen zu verschiedenen Männern, war nur selten für ihn da und forderte schon sehr früh von ihm, daß er sich um die jüngeren Geschwister kümmerte.

Statt eines einzigen «Traumas» gibt es viele verschiedene Entwicklungsmotive, deren Zusammenwirken die tatsächliche Situation bestimmt. Ich nenne hier einige davon:

1. Die Größenvorstellung. Der Klient hat sich in seiner von Einsamkeit, verfrühter Verantwortung und launischer mütterlicher Fürsorge bestimmten Kindheit an eine (teilweise unbewußte) Vorstellung fixiert, alles bewältigen, allen helfen, alle versorgen zu können. Diese Größenvorstellung überfordert ihn häufig, führt dazu, daß er sich für seine Freunde und Geschwister aufopfert und dann enttäuscht ist, daß sie diese Zuwendung wie selbstverständlich konsumieren, ohne ihm seine eigenen Wünsche nach Passivität und Umsorgtwerden zu erfüllen.

2. Die Sehnsucht nach Regression. Der Klient träumt viel davon, auszusteigen, sich gänzlich gehenzulassen, den Mühen der Konkurrenz endlich auszuweichen. Nicht selten ist diese Phantasie auch mit Suizidgedanken verknüpft. «Dann wird Ruh' im Tode sein!»* Diese Phantasien sind mit Kindheitserlebnissen verbunden, in denen die Mutter sich für kurze Zeit ihm ausschließlich zuwandte: sie machte zum Beispiel einen Ausflug mit ihm. Er fand das wunderschön, erlebte aber den Alltag danach doppelt schmerzlich und lehnte deshalb diese Ausflüge schließlich ab.

3. Die Regressionsabwehr. Der Klient ist (was nicht spekulativ behauptet, sondern aus seinen Einfällen erschlossen wird) durch die frühe Überforderung in eine dauernde Abwehr seiner regressiven Phantasien verstrickt. Er kann sich wenig Muße gönnen,

---

* Arie der Pamina, «Die Zauberflöte» von Schikaneder / Mozart.

braucht ständig neue Erfolge, die ihm eine unmittelbare Bestätigung geben. Diese dauernde Abwehr seiner Träume, sich treiben zu lassen, kostet ihn viel Kraft und macht dadurch diese um so verführerischer.

4. Die Angst vor dem Erwachsensein. Schule und Studium sind Phasen von relativ klarer Struktur (wobei diese im Studium sichtbar abnimmt und schon viele Übergänge zum Beruf sichtbar werden, zum Beispiel in den Praktika). Je näher die wirkliche Berufsarbeit rückt, desto deutlicher wird auch die Notwendigkeit eines echten Gleichgewichts zwischen Leistung und Erholung, Anspannung und Entspannung. Es wird schwieriger, sich gewissermaßen Wechsel auf die Zukunft auszustellen, gegenwärtige Enttäuschungen durch die Hoffnung auszugleichen, nach dem Examen werde alles ganz anders und viel besser. Im Lauf der Therapie stellte sich auch heraus, daß der Klient eigentlich nicht – wie er selbst angab – an einer Arbeitshemmung litt, sondern vor allem an einer panischen Angst vor Prüfungen.

5. Die ambivalenten Beziehungen zu seinen passiven, zum Teil alkoholgefährdeten Geschwistern absorbierten weitere Energien des Klienten. Einerseits verbot er sich, so zu werden wie sie, sich so gehenzulassen. Er sah sich als ihr Stellvertreter, als der einzige, der beruflichen Erfolg hat, der soziale Geltung gewinnt. Andererseits war er dieser Rolle müde, sehnte sich danach, einmal nicht für andere zu lernen, sondern für sich selbst: beides zu trennen fiel ihm sehr schwer. So mußte er sich vor jeder Stunde Lernarbeit, vor jeder Prüfung die Grundsatzfrage stellen: Will ich das wirklich, oder will ich es nicht?

6. Der Klient war deutlich an seine belastende Kindheit fixiert. Er sprach oft von ihr, führte sie immer wieder als Grund für seinen enormen Leistungsdruck an. Die Umwelt war ihm etwas schuldig, wie die Mutter. Aber er konnte ihr nicht wirklich trauen. Er war sehr wachsam im Hinblick auf wirkliche oder vermeintliche Diskriminierungen von Unterschichtkindern in Schule und Studium, voller Haß auf die Bürgerkinder, die alles viel leichter hatten. In der Übertragung wurde diese Haltung auch dem Therapeuten gegenüber deutlich. Dieser war ein Versager, der auch nichts wußte, der falsche Ratschläge gab – der Klient mußte sowieso alles alleine machen. Dahinter steckte eine tiefe Sehnsucht nach väterlicher

Liebe, die durch Entwertung abgewehrt wurde und oft in massive Selbstentwertung umschlug – schließlich hatte der Analytiker seine Examina bestanden, den Weg in den Beruf gefunden, obwohl er doch eigentlich längst nicht so gut, so vollkommen war, wie der Klient hätte werden müssen. (Anmerkung: Hemminger würde die große Bedeutung, die der Klient seiner belastenden Kindheit gab, als Anpassung an die Theorie des Therapeuten deuten. Das ist in diesem Fall falsch: ich suche in solchen Fällen nach der gegenwärtigen Motivation, sich in dieser Weise immer wieder an die eigene Kindheit zu erinnern und das aktuelle Verhalten aus ihr zu rechtfertigen. Hemminger verwechselt ein neurotisches Abwehrmanöver beziehungsweise den Mißbrauch eines psychoanalytischen Theoriebruchstücks für eine neurotische Abwehr mit dieser Theorie selbst.)

7. Die Selbstmordgefährdung dieses Klienten hing damit zusammen, daß er sich die kleinen Regressionen «im Dienst des Ich» verbot – die Entspannung nach der Arbeit, die Erholung in den Semesterferien. Er mußte sozusagen immer arbeiten, sonst hatte er Schuldgefühle. Gerade wegen dieses Arbeits- und Leistungszwanges war die Sehnsucht sehr mächtig, überhaupt nichts zu tun, alles hinzuwerfen. Der Suizid stellte einen Kompromiß dar: Ruhe und Strafe in einem – endlich die erlösende, nie wieder endende Geborgenheit bei der Mutter Tod. Die Fixierung betrifft hier eine zwanghafte, im Dienst der Abwehr regressiver Bedürfnisse stehende Aktivitäts«wut». Statt ihn weiter auszubeuten und zu benutzen, sollten die anderen endlich begreifen, was sie an ihm (verloren) hatten.

Ich habe in diesen sieben Themen einen kleinen Teil des Materials dargestellt, das sich in der analytischen Therapie eines Patienten mit solchen Lernstörungen ergibt. Vielleicht ist deutlich geworden, daß es nicht auf eine simple Mechanik ankommt, in der das aktuelle Symptom des Studenten auf seiner Kindheitssituation «beruht».

So erhebt sich die Frage, wie solche Verzerrungen zustande kommen. Was führt einen Verhaltenswissenschaftler dazu, sich mit einer Theorie zu beschäftigen, die er offensichtlich gar nicht wirklich verstehen, sondern nur abweisen will? Weshalb zitiert Hemminger nur eine einzige, längst als tendenziös erkannte und widerlegte Studie über den Erfolg von Psychotherapie, wonach sie die Rate der Spontanheilungen vermindern soll?* Vielleicht liefert der folgende Passus Aufschluß:

> Ich selbst habe die praktische tiefenpsychologische Arbeit sowohl bei mir selbst als auch bei meinen Kollegen als sehr enttäuschend erlebt. Sie schien mir sowohl von seiten der Therapeuten als auch von seiten der Patienten von Illusionen und Selbsttäuschungen bestimmt zu sein. Es wurden mir von seiten der Kollegen Erfolge bescheinigt (und ich bildete mir einige Zeit selbst Erfolge ein), von denen ich später nichts mehr sehen konnte.**

Was Hemminger verblümt als «praktische tiefenpsychologische Arbeit» kennzeichnet, ist die Primärtherapie Janovs, die er in einem Universitätsinstitut eine Zeitlang angewendet hat. Die Mitteilung dieser persönlichen Erfahrung wäre sicher aufschlußreicher als ihre Rationalisierung in einem Rundschlag gegen die Psychotherapie schlechthin.

Hemmingers erstes Buch «Flucht in die Innenwelt»*** ist für mich überzeugender. Er spricht dort von der Primärtherapie, die er aus eigener Praxis kennt. Warum geht er mit der Kränkung, daß er selbst seine Arbeit als Therapeut nicht gut fand, so um, daß er die Arbeit aller Therapeuten entwertet und

---

* Hans Jürgen Eysenck und G. D. Wilson, Experimentelle Studien zur Psychoanalyse Sigmund Freuds, Wien (Europaverlag) 1979. Die «experimentelle Methode» existiert in diesem Fall nicht; Eysenck wertet lediglich bereits publizierte Statistiken.

** Hansjörg Hemminger, a. a. O., S. 122.

*** Hansjörg Hemminger, Flucht in die Innenwelt. Primärtherapie als Meditation der Kindheit. Eine kritische Untersuchung aus verhaltensbiologischer Sicht, Frankfurt, Berlin, Wien (Ullstein) 1980.

nur mehr sein reduziertes Verständnis von Naturwissenschaft gelten läßt?

Entscheidend für die psychoanalytische Auffassung ist das Konzept der «Ergänzungsreihe». Außen- und Inneneinflüsse, Realität und Phantasie ergänzen sich in ihrer Wirkung auf die Entwicklung gegenseitig, wobei ein besonders schweres Gewicht des einen Faktors dazu führen kann, daß der andere nur schwach ausgeprägt sein muß. Während Hemminger «den Tiefenpsychologen» unterstellt, sie würden alle an das Trauma glauben, spricht Freud von Fällen, bei denen «aller Akzent auf den späteren Konflikten liegt und die analytische Betonung der Kindereindrücke durchaus als Werk der Regression erscheint»*.

Entscheidend ist also nicht, daß über äußere Wirkungen äußerer Ereignisse spekuliert wird (wie es dem Modell der Verhaltensforschung entspricht, die gewissermaßen von einer kindlichen auf eine erwachsene Black box schließt**), sondern daß die äußere Realität in Beziehung zu einer inneren gesetzt wird: es geht um Erlebnisverarbeitung.

Traumatische Neurosen

Es gibt Neurosen, deren traumatischer Charakter eindeutig ist. Wenn der Reizschutz, das heißt die menschliche Fähigkeit, äußere Belastungen zu verarbeiten, massiv verletzt wurde, dann sind schwerwiegende Folgen zu erwarten. Beispiele sind die

* S. Freud, Vorlesungen zur Einführung in die Psychoanalyse, GW XI, S. 378f.
** Black box, schwarzer Kasten, ist ein Vergleich, der darauf hinweisen soll, daß der Verhaltenspsychologe (Behaviorist) keine Aussagen über Erlebnisse machen darf: was in der black box geschieht, interessiert ihn nicht, nur das Verhalten zählt.

Kriegsneurosen, die durch eine permanente Gefahrensituation während der Stellungskämpfe im Ersten Weltkrieg auftraten, oder die seelischen Folgen der KZ-Haft für die Überlebenden. Häufig (aber nicht immer – diese Feststellung ist sehr wichtig!) sind solche traumatischen Einwirkungen auch nach zehn und zwanzig Jahren fast unverändert nachzuweisen; nach der großangelegten Studie von Paul Matussek* hängt das vor allem von der Haftdauer, der Härte der Arbeitsbedingungen und dem Maß dauernder Todesangst ab.

Eine häufige und rätselhafte Reaktion auf solche schweren seelischen Verletzungen sind Schuldgefühle und Wiederholungsphänomene, vor allem in Träumen. Die belastende Situation wird wieder und wieder beschworen. Ich habe solche zwanghaften Bilder einige Male bei Frauen beobachtet, die nach einer Vergewaltigung Hilfe suchten. Sie träumten häufig von dem Ereignis und den Folgen (wobei der Strafprozeß und die taktlosen Fragen von Polizisten, Anwälten und Richtern mindestens ebenso verletzend waren wie die Vergewaltigung selbst). Ihre seelische Freiheit, vor allem die Unbefangenheit gegenüber Männern, war über sehr lange Zeit schwer gestört. Es scheint mir ein großer Fehler, solche Reaktionen nicht ernst zu nehmen und schematisch mit einem Neurosemodell zu arbeiten, in dem die Folgen aktueller seelischer Verletzungen bagatellisiert werden. Die möglicherweise gleichzeitig bestehende, aus früheren Erfahrungen (auch aus der Kindheit) stammende Disposition darf nicht vorausgesetzt, sondern muß in einer sorgfältigen Untersuchung herausgearbeitet und zu dem späteren Trauma in Beziehung gesetzt werden. Das Bild der «Ergänzungsreihe» ist hier sehr nützlich. Eine ihrer sexuellen Anziehungskraft sichere Frau wird wohl auch leichter Situationen vermeiden, die sie in Gefahr bringen. Immer aber ge-

---

* Paul Matussek und Mitarbeiter, Die Konzentrationslagerhaft und ihre Folgen, Berlin (Springer) 1971.

hört es zum Repertoire der Verarbeitung solcher Traumen, daß sich das Opfer fragt, ob es nicht doch irgendwie mitschuldig sei, ob nicht sein Verhalten dazu beigetragen habe, daß eben die fürchterlichen Dinge passiert sind, mit denen es nun nicht fertig werden kann.

Ich sehe darin nicht nur einen Ausdruck undifferenzierter, auch gegen das erzwungene und unlustvolle sexuelle Erleben gerichteter Schuldgefühle. So verletzte Menschen versuchen, die sonst unerträgliche Situation dadurch in den Griff zu bekommen, daß sie eine aktive Mitverantwortung oder ein Versagen in Vorsicht und Übersicht entwerfen. «Warum mußte das gerade mir passieren?» Da keine Antwort wirklich überzeugen kann, werden ständig neue gesucht.

Dieses Verhalten läßt Rückschlüsse auf jene traumatischen Situationen zu, die in der Betrachtung der psychoanalytischen Neurosenlehre wesentlich sind. Wir können davon ausgehen, daß Kinder auch unter günstigen Umständen nicht selten traumatischen Erfahrungen ausgesetzt sind, deren Wucht durchaus mit einer solchen Vergewaltigung verglichen werden kann. Freud* benennt drei solcher Störungsmöglichkeiten:

1. *Objektverlust.* Für das kleine Kind ist die vertraute Bezugsperson buchstäblich der Garant des Überlebens. In der modernen europäischen Gesellschaft trägt fast ausschließlich die Mutter diese Verantwortung. Zögernd und schrittweise beteiligen sich auch die Väter an ihr. Verlust der Mutter im frühen Lebensalter kann freilich auch anders als körperlich aufgefaßt werden. Ich selbst bin mir in meiner Analyse darüber klarer geworden, daß der früh verlorene Vater gewissermaßen auch einen Teil der Mutter «mitnahm». Durch ihre heftige Trauer war sie emotional nicht mehr «da». Heimkinder, die ohne eine feste Bezugsperson als Ersatzmutter aufwachsen, wirken nicht

---

* S. Freud, Hemmung, Symptom und Angst, 1926, G. W. XIV, S. 168.

selten gelähmt und depressiv, sind sehr anfällig für Infektionen. Im späteren Lebensalter sind sie häufiger verwahrlost und fallen durch Delikte auf. Ihre Bindungsfähigkeit ist beeinträchtigt, ihr Gewissen oft lückenhaft. Es gibt jedoch große individuelle Schwankungen in der Fähigkeit, solche Objektverluste zu verarbeiten. Manche Kinder siechen dahin und bleiben für immer gestört. Andere entwickeln eine verblüffende Fähigkeit, sich auch winzige Mengen an Zuwendung zusammenzusammeln. Sie verwerten diese so, daß sie später ein normales Leben führen.

2. *Verlust der Liebe des Objekts.* «Wenn du das tust/nicht tust, habe ich dich nicht mehr lieb!» Diese Drohung gehört zu den üblichen Erziehungsmitteln. Um wirksam zu werden, muß freilich bereits eine so enge Bindung an das Objekt entstanden sein, daß der Verlust seiner Zuneigung als Drohung wirken kann. Verwahrloste Kinder würden einfach sagen: «Na und?» Das von der sozusagen «normalen» (in Extremfällen «krankhaften») neurotischen Entwicklung bedrohte Kind reagiert mit einer Spaltung zwischen dem Teil seines Erlebens und Verhaltens, der mit Liebgehabtwerden belohnt wird, und dem abgelehnten Teil, der mit Liebesverlust bestraft werden könnte. Der depressiven Persönlichkeit (um ein Beispiel zu erwähnen) fehlen im späteren Leben weitgehend die Fähigkeiten, aktiv Wünsche zu äußern, sich notfalls auch aggressiv durchzusetzen, weil sie früher mit der Drohung des Liebesverlustes behaftet waren und deshalb abgespalten, vom bewußten Erleben ausgeschlossen wurden.

3. *Kastration.* Körperliche Beschädigung ist sicherlich eine sehr wesentliche traumatische Erfahrung, wobei sich reale Erfahrungen (etwa eine Unfallverletzung) und Phantasien ergänzen können. Die Psychoanalyse spricht hier vom «Kastrationskomplex», wobei mit Komplex eine verwickelte, unbewußte «Vorstellungsmasse» gemeint ist, in der sich Erlebnisse und Tagträume verdichten. Muß es immer Kastration sein? Warum

sagen wir nicht lieber «körperliche Verletzung», machen die Kastration zu einem Sonderfall dieser Verletzung, anstatt sie ganz obenan zu stellen und ihr alle anderen Beschädigungen unterzuordnen wie die Angst zu erblinden, gelähmt zu sein, einen Arm oder ein Bein zu verlieren, an Krebs zu erkranken? Die Wortwahl hat ihren guten Sinn. Sie weist darauf hin, daß die Beschädigung des Körpers diesen seiner Möglichkeiten beraubt, Lust zu spenden. Angst geht meist in die Richtung eines unwiderruflichen Verlusts. Der Vorwurf des Pansexualismus, der Unterstellung sexueller Bedeutungen um jeden Preis, drückt ein Mißverständnis aus, das durch Bewertung der Ergebnisse ohne Rücksicht auf die Methode der Psychoanalyse entsteht. Freud hat seine Ausdrücke immer so gewählt, daß sie möglichst genau die Stelle der größten Spannung, den Kern des Konflikts treffen. Daher sagt er nicht Beschädigung, sondern Kastration, nicht Abgrenzung von und Identifizierung mit den Eltern, sondern Ödipuskomplex. In der Psychoanalyse ist eine Sprache, die Menschen trifft und bewegt, so wichtig wie die exakte wissenschaftliche Beschreibung. Die Kastrationsangst ist ein gutes Beispiel für die Ergänzungsreihe von Phantasie und Wirklichkeit. Viele Kinder werden direkt bedroht («Wenn du damit spielst, schneide ich dir das Schwänzchen ab!»). Häufiger drückt sich die Bezugsperson nicht so aggressiv aus, sondern «übersieht» beispielsweise den erigierten Penis des Vierjährigen oder «übergeht» die Versuche des dreijährigen Mädchens, den Penis des Vaters zu streicheln.

> Die geliebte Person würde uns... nicht ihre Liebe entziehen, die Kastration uns nicht angedroht werden, wenn wir nicht bestimmte Gefühle und Absichten in unserem Inneren nähren würden. So werden diese Triebregungen zu Bedingungen der äußeren Gefahr und damit selbst gefährlich, wir können jetzt die äußere Gefahr durch Maßregeln gegen innere Gefahren bekämpfen.*

* S. Freud, Hemmung, Symptom und Angst, a.a.O., S. 177.

Diese Sätze sind ein charakteristischer Ausdruck der Art, wie Freud den Zusammenhang zwischen einem äußeren, traumatischen Ereignis und den möglichen Spätfolgen zu erfassen sucht. Es geht ihr nicht um die statistisch nachweisbare Häufigkeit, sondern um die im Einzelfall gültigen Entwicklungen, um die Beziehung zwischen Realität und Phantasie. Die neurotischen Symptome sind – mit Ausnahme der traumatischen Neurosen – nicht das unmittelbare Ergebnis einer von außen kommenden Verletzung; sie hängen eher mit einem Versuch zusammen, drohende Verletzungen zu vermeiden. Der Wert der Psychoanalyse liegt zum Teil darin, daß der Analysand genauer lernt, zwischen wirklichen und vermeintlichen Gefahren zu unterscheiden. Er ist an die vermeintlichen gebunden – es ist sinnvoll, den Ofen zu meiden, an dem man sich die Finger verbrannt hat, aber wozu deshalb der Wärme ängstlich aus dem Weg gehen? Solange die Traumen gering sind, genügt die eigene Kraft des Kindes, mit seinem wachsenden Realitätssinn die einst gemiedene Gefahr wieder aufzusuchen und zu bewältigen. Wo aber die Verletzung ebenso wie die Abwehrmaßnahmen verdrängt wurden, wo sie dem Bewußtsein nicht mehr zugänglich sind, ist die Hilfe der Analyse nützlich. Der Erwachsene kann noch einmal die Erinnerung an frühe Verletzungen und alte, damals dem Ich auferlegte Einschränkungen beleben. Jetzt mag er beibehalten, was sinnvoll ist, ablegen, was sich als nicht mehr angemessen erweist. Das kann eine Hemmung sein, eine Angst, aber auch eine solche Ängste überschießend ausgleichende Rücksichtslosigkeit, Tollkühnheit, Gleichgültigkeit gegen eigene und fremde Schmerzen.

Kindheitstraumen – übertrieben oder bagatellisiert?

In einem Artikel, der am 24. Dezember 1984 im «Spiegel» erschienen ist, beruft sich ein Autor auf Hemmingers «Kindheit als Schicksal?» und behauptet:

> So haben britische, amerikanische und schwedische Sozialwissenschaftler die Lebensläufe zahlloser Versuchspersonen (16000 waren es allein in Großbritannien) von der Säuglingsphase bis zum frühen Erwachsenenalter systematisch durchforscht.
>
> Das Ergebnis: Belastende Kindheitserlebnisse – zerrüttete Familienverhältnisse, neurotische oder brutale Eltern, Heimerziehung oder Adoptionen – hatten offenkundig so gut wie keinen Einfluß auf die seelische Gesundheit der Probanden; viele Sorgenkinder waren zu besonders lebenstüchtigen Erwachsenen geworden, behütete Musterkinder dagegen überraschend ausgeflippt.*

Solche Äußerungen könnten den letzten Rest von Glauben (so noch vorhanden) an die einst sorgfältigen Recherchen des «Spiegel» zerstören. Gottfried Fischer** hat die Untersuchungen noch einmal durchgesehen, auf die sich auch Hemminger stützt. Lebenslaufstudien, welche die Wandelbarkeit von Merkmalen wie Ängstlichkeit, Reizbarkeit, Gefühlslabilität belegen, sagen nichts über eine Traumatheorie. Sie wurden an Bevölkerungsgruppen erhoben, bei denen mit einem hohen Anteil an «Traumatisierten» nicht zu rechnen ist. Zur Traumaforschung hingegen zitiert Hemminger sechs Arbeiten, die im Originaltext allesamt den möglichen Einfluß kindlicher Traumatisierungen auf das Lebensschicksal dokumentieren und an ihrem Zahlenmaterial auch belegen. Fischer stellt fest, daß in

---

* Der Spiegel, 24.12.1984, S. 130.
** Gottfried Fischer, Empirische Untersuchungen zur Wirkung von Traumata bei Kindern und Jugendlichen, in: Psyche 40, S. 145–161, 1986.

Hemmingers Argumentation «nicht so sehr ein Beweis für seine organische Elastizitätstheorie erbracht wird». Vielmehr sei davon auszugehen, «daß hier eine ganz außerordentlich elastische Interpretationsleistung des Autors vorliegt»*.

Ich habe bereits auf einige der fehlerhaften Grundvoraussetzungen Hemmingers hingewiesen. Vor allem vermischt er immer wieder Vereinfachungen («Jedes mutterlos aufgewachsene Heimkind trägt unauslöschliche Schäden davon») mit dokumentierten Aussagen. Frühe Mangelerlebnisse und Objektverluste bringen ein *Risiko* mit sich, später seelisch zu erkranken. Die Debatte erinnert an die aktuelle Auseinandersetzung über das Risiko von radioaktiven Strahlen. Während die Vertreter der Atomindustrie behaupten, man könne sorglos sein Haus auf dem Druckbehälter eines AKW bauen, fürchten manche Kernkraftgegner, jeder werde an Leukämie sterben, der sich in diesem Bereich erhöhter Strahlenbelastung aufhalte. Wissenschaftlich erwiesen ist, daß jede Strahlung gefährlich ist. Aber nur bei hohen Dosen läßt sich ein direkter Zusammenhang leicht nachweisen.

Mich selbst hat die These, daß *jedes* Kind *bleibende* Schäden davonträgt, das wegen der Berufstätigkeit der Mutter zeitweise von anderen Personen betreut wird, schon früher zu Protesten veranlaßt.** Die Untersuchungen an Heimkindern wurden überinterpretiert, sobald von nicht mehr behebbaren Schäden bei jedem Insassen eines Kinderheims die Rede war. Das *Elastic Mind Movement*, die von Hemminger aufgegriffene amerikanische Haltung, Plastizität und Kompensationsfähigkeit von Kindern zu betonen, scheint mir genauso einseitig. Heimkinder sind um so mehr geschädigt, je länger sie im Heim sind, je früher sie aufgenommen wurden und je schlechter das Heim

---

* Gottfried Fischer, a.a.O., S. 151.
** Wolfgang Schmidbauer, Verwundbare Kindheit, Planegg (Selecta) 1972.

organisiert ist, was kontinuierliche Zuwendung, Reizzufuhr (Spielzimmer oder verhängte Bettchen?) und Personalstand angeht.

Bereits Annemarie Dührssen* hat beobachtet, daß Spätfolgen nicht immer auftreten. Sie deutet diese Fälle als Ausdruck günstiger Bedingungen in manchen Heimen. Dührssen warnt ausdrücklich davor, ihre Ergebnisse so zu interpretieren, daß frühe Belastungen folgenlos bleiben. Hemminger erwähnt nur, daß sie «trotz» ihrer psychoanalytischen Ausrichtung Deprivationen für ausgleichbar hält.

Die traumatischen Folgen früher Heimaufenthalte sind nicht wegzudiskutieren. Sie können gewiß übertrieben werden. Vor allem wurde oft nicht genügend zwischen den Schäden, die durch eintönige Umgebung und Reizmangel auftreten, und jenen unterschieden, die durch den Mangel an konstanten Gefühlsbeziehungen eingeleitet werden können. Während im Säuglingsheim die Umwelt öde und gleichförmig ist, dem kindlichen Geist wenig Anregung und Reizzufuhr bietet, wechseln die Gesichter der im Schichtdienst arbeitenden Pflegerinnen ständig. Babies werden wie am Fließband gewickelt und gefüttert. Wenige konstante, liebevolle Bezugspersonen (daß es eine, daß es die Mutter allein sein muß, ist ein nicht bewiesenes Dogma), verbunden mit einer abwechslungsreichen Umwelt sind der intellektuellen und emotionalen Entwicklung zuträglicher.

Wie einseitig Hemminger vorgeht, zeigt sich auch in seiner Art, die Belastungen der Kinder von süchtigen und/oder brutalen Eltern zu bewerten. Sie legen wahrhaftig eine Theorie von traumatischen Spätfolgen nahe. Der Psychoanalytiker

---

* Annemarie Dührssen, Heimkinder und Pflegekinder in ihrer Entwicklung. Eine vergleichende Untersuchung an 150 Kindern in Elternhaus, Heim und Pflegefamilie, Göttingen (Vandenhoeck & Ruprecht) 1958.

kann manchmal den Alkoholismus eines Elternteils bereits in Berichten seines Klienten entdecken, während dieser noch schamhaft darüber schweigt und sich erst spät dazu durchringt, offen von etwas zu sprechen, was er schon immer wußte, aber sich nicht eingestand. Nach verschiedenen Arbeiten tragen rund 70 Prozent dieser Kinder Schäden davon, die sich als Verhaltensauffälligkeiten zeigen. Statistiken bedeuten der psychoanalytischen Theorie nicht viel. Sie sagt Spätfolgen weder in allen Fällen voraus, noch läßt sie erwarten, daß jedes Opfer aufgrund seines *elastic mind* nachher unbeschädigt weiterleben wird. Sie kann im Einzelfall aufklären, was in einem ständigen, von einem Wechselspiel verschiedener Kräfte bestimmten Prozeß aus solchen Verletzungen wird.

Findet das Kind andere Personen, an denen es sich orientieren kann? Entwickelt es eine kompensierende soziale Identität («Weil mein Vater ein Trinker war, rühre ich nie einen Tropfen an!»)? Die psychoanalytische Erfahrung zeigt, daß solche frühen Verletzungen durch einen brutalen Elternteil oder durch seelische Vernachlässigung in einem Heim schwerwiegende und hartnäckige Folgen haben können. Daß sie diese mit kausaler Folgerichtigkeit auch haben müssen, erweist sie nicht. Die Psychoanalyse arbeitet auf einer differenzierteren Ebene als Autoren wie Hemminger, die Partei ergreifen und sie in die Rolle der Gegenpartei hineinerfinden.

Beenden wir die Betrachtung der letztlich unfruchtbaren Polemik, ob seelische Verletzungen in der Kindheit Langzeitfolgen haben oder nicht, mit einem salomonischen: «Es kommt darauf an!» Worauf? Was macht das eine Kind verletzlicher als das andere? Was macht manche Verletzungen schlimmer als andere? Es gibt hier sicherlich genetische Faktoren. Sie sind für die Auseinandersetzung mit dem Thema aber wenig bedeutungsvoll. Sie zu betonen, führt im guten Fall zu keinen, im schlechten zu reaktionären Folgerungen.

«Dürfen wir den Satz, der die Vorherrschaft des erblichen Einflusses verkündet, auch im negativen Sinn dahin verstehen, es sei gleichgültig, welche Erlebnisse an diese Seele herangetreten sind?» fragt Freud.* Er meint es als rhetorische Frage, aber auch als Hinweis darauf, daß die Psychoanalyse dem erblichen Einfluß sein Recht nicht bestreiten will, sich aber «dagegen verwahrt, wenn jemand über diesem Anspruch alle anderen vernachlässigt und das konstitutionelle Moment auch dort einführt, wo es nach den vereinigten Ergebnissen von Beobachtung und Analyse nicht hingehört oder an die letzte Stelle zu rücken hat»**.

Eine solche differenzierende Betrachtung bietet eine Arbeit von Wolfgang Tress***, der nicht von auffälligen Kindern oder Erwachsenen ausging (was immer die Gefahr einer verfälschenden Auswahl mit sich bringt), sondern von einer nach Repräsentativ-Kriterien ausgewählten Felduntersuchung an 600 Erwachsenen, in der es ursprünglich um die Häufigkeit seelischer Erkrankungen in der Bevölkerung ging. 40 Personen wurden identifiziert, die sich durch eine sehr schwere Kindheit hervorhoben – längere Trennungen von den Eltern, Zerwürfnisse der Eltern, Abtreibungsversuche vor der Geburt und andere Hinweise auf eine extrem unerwünschte und dann doch ausgetragene Schwangerschaft, häufiger Wechsel der Bezugspersonen. Von ihnen waren, wie wir nach unseren Vorinformationen erwarten würden, überdurchschnittlich viele seelisch gestört, keineswegs aber alle. Statt nun platterdings über Elastizität oder Starre zu räsonieren, hat Tress die einzelnen Faktoren genauer untersucht, durch die sich die «Kranken» von den «Gesunden» unterschieden.

---

* S. Freud, Vorlesungen, a.a.O., S. 255.
** S. Freud, Vorlesungen, a.a.O., S. 394.
*** Wolfgang Tress in: Zeitschrift für Psychotherapie und medizinische Psychologie 36, 1986, S. 51–57.

Als wichtigster Faktor ergab sich das Vorhandensein einer zuverlässigen Person während der ersten Lebensjahre. Von allen untersuchten Personen aus der Untergruppe «extrem belastete Kindheit», die sich dennoch gesund entwickelten, war kein einziger ohne einen Menschen aufgewachsen, der ihm mit bleibendem Wohlwollen und zuverlässigem Interesse begegnete, Zeit für ihn hatte, ihn tröstete und ihm einfühlend begegnete. Freilich läßt sich dieser Schluß nicht umkehren. Die Zuwendung einer solchen guten Fee ist zwar notwendig, aber keineswegs hinreichend, um gegen alle Traumen gefeit zu sein. Auch von einem Viertel der heute seelisch Kranken wurde berichtet, sie hätten eine solche Person gekannt. Diesen Hinweis finde ich gerade für die Auflösung von Schuldzuschreibungen wichtig, in denen Mutterliebe gewissermaßen als Allheilmittel eingeklagt wird. Ich bin überzeugt, daß jeder einzelne Mensch überfordert ist, der unter lebensfeindlichen Bedingungen für das seelische Wohlergehen eines anderen verantwortlich sein soll. Das gilt für Mütter und Väter ebenso wie für Ehepartner, Krankenpflegerinnen, Seelsorger, Ärzte und – Psychotherapeuten. Gefühlsbeziehungen scheitern oft an dem verhängnisvollen Anspruch, der/die Geliebte müsse über eine sonst insgesamt heillose Umwelt hinwegtrösten.

Der zweitwichtigste Faktor, der auf eine gesunde oder pathologische Entwicklung Einfluß nimmt, läßt sich kaum vom ersten trennen. Auch hier geht es um die Zuwendung einer verläßlichen Person oder ihren Mangel. Wenn unter insgesamt schwierigen Verhältnissen in einer Familie kurz hintereinander zwei Kinder geboren werden (im Abstand von weniger als einem Jahr), dann werden die Chancen sehr gering, diese Situation ohne nachteilige Folgen zu verarbeiten. Wohlgemerkt: es geht insgesamt um Familien, die nicht mehr in der Lage sind, ihre Probleme konstruktiv zu bewältigen. Wenn in einer belagerten Stadt die Verteidigung bereits fast alle Kräfte bindet und verzehrt, ist es kaum mehr zu verkraften, wenn nun auch noch eine Hungersnot ausbricht. Eine Mutter, die zwei Kleinkinder zugleich versorgen muß, kann nicht mehr die kompensierende Zuwendung geben, die vor traumatischen Folgen schützen mag. Relative Einzelkinder (mit einem Abstand von mindestens sechs Jahren zum nächsten Geschwister) haben hier bessere Möglichkeiten.

Schwer zu deuten ist ein letztes Ergebnis der Untersuchung von Tress: Nach den Angaben der Betroffenen wirkte sich eine seelische Krankheit der Mutter nicht nachteilig auf die Entwicklung des Kindes aus. Auffälligkeiten des Vaters hingegen waren in dieser Hinsicht folgenschwer. Tress versucht, diesem Fund durch eine Deutung beizukommen: Die Störung des Vaters wird in den Erinnerungen des Kindes zu einem Symbol für die emotionalen Spannungen in der ganzen Familie. Die Kindheitserinnerungen malen ihn in düsteren Farben, um den Rest der Angehörigen, vor allem die Mutter, freundlicher zeichnen zu können. Ich habe solche Mechanismen schon beobachtet, zweifle aber, ob es notwendig ist, die Befunde in dieser Weise aufzufassen. Die psychische Störung der Mutter wird nämlich oft in viel geringerem Maße zu einer Last für die ganze Familie als beispielsweise der Alkoholismus des Vaters.

Zu ähnlichen Ergebnissen wie Tress kommen auch die beiden Schweizer Autoren Cécile Ernst und Nikolaus von Luckner*: Fast zwei Drittel der von ihnen in der Pubertät nachuntersuchten früheren Heimkinder litten an Schlafstörungen, waren auffällig passiv und zurückgezogen, überangepaßt, empfindlich und ängstlich, während unter unausgelesenen Schulkindern nur jedes zehnte eine vergleichbare Symptomatik hatte. Kritik richten die beiden gegen eine «Prägungstheorie» der Kindheit, wonach in einer empfindlichen Zeitspanne

---

* Cécile Ernst/Nikolaus von Luckner, Stellt die Frühkindheit die Weichen? Eine Kritik an der Lehre von der schicksalhaften Bedeutung erster Erlebnisse, Stuttgart (Enke) 1985.

(«sensible Phase») Bindungsfähigkeit entweder für immer entsteht oder für immer verlorengeht. Diese Graugänsen und Dohlen abgeschauten Modelle passen ohnehin schlecht auf ein so lebenslang zum Lernen aufgelegtes Wesen wie den Menschen. Die Prägungstheorie hat mit der Psychoanalyse relativ wenig zu tun. Sie wird allerdings von den beiden Schweizer Psychiatern mit ihr vermischt (sie berufen sich dabei auf Hemminger). So kommt es, daß auch hier wieder die Forschungsergebnisse gut zur psychoanalytischen Entwicklungsvorstellung passen, während eine «Interpretationsakrobatik»* dazu dient, sie gegen eine «Traumatheorie» ins Feld zu führen, die ihrerseits nichts mit Pychoanalyse zu tun hat. Immerhin bestätigt sich die Vermutung, daß spätere Ereignisse eine von Zuwendungsmangel bestimmte frühe Kindheit zum Teil ausgleichen oder aber auch ihre Folgen verschlimmern können, während der Versuch, solche Trennungstraumen überhaupt als belanglos hinzustellen, durch die eigenen Daten der Schweizer Autoren widerlegt wird. Die Risikofaktoren im späteren Leben sind langanhaltende Konflikte mit den Eltern (vor allem auch Stieffamilien), schwere Körperstrafen, ständige Konflikte zwischen den Eltern, Scheidung, sexuelle Verführung, chronische Krankheit der Eltern.

In der Frage der schicksalhaften oder jederzeit ausgleichbaren Kindheitstraumen läßt sich ein tiefgreifender Deutungswandel nicht verkennen. Die Kritik an Behauptungen, daß jede frühe Trennung irreparable Schäden bewirkt, sollte nicht so weit gehen, daß Belastungen der frühen Kindheit später jederzeit und ohne besonderen Aufwand korrigiert werden können.

---

* Gottfried Fischer in seiner Rezension des Buches von Ernst/von Luckner, in: Psyche 40, S. 365, 4/1986. – Fischer weist dort auch auf methodische Fehler der beiden Schweizer hin, vor allem was die verglichenen Gruppen und die unabhängige Varianz der Merkmale angeht.

Es ist in einem so unübersichtlichen Gebiet wie der menschlichen Entwicklung notwendig, daß die Betroffenen ihre Verantwortung zurückgewinnen und erkennen, daß die Fachleute sie ihnen nicht abnehmen können, weil sie ihrerseits immer nur winzige Teilbereiche überblicken. Leider wohnt in fast jedem Experten die missionarische Neigung, sein Fach für so wichtig zu halten, daß er – wohl wissend, wie begrenzt seine Kenntnisse sind – es dennoch nicht lassen kann, praktische Ratschläge zu geben, in denen diese Begrenzungen auf einmal nicht mehr auftauchen.

Ein gutes Heim ist besser als eine schlechte Familie, eine unzufriedene Mutter, die nur für ihre Kinder da ist, schadet ihnen mehr als eine zufriedene berufstätige Mutter, Schuldgefühle haben selten wohltätige Auswirkungen auf den Erziehungsprozeß: solche Anmerkungen fehlen oft, wenn Psychologen ihre Rezepte an Eltern verkaufen. («Früher, als ich noch keine Kinder hatte, habe ich mich viel leichter getan in der Mütterberatung», sagte mir eine Psychologin während ihrer Analyse.) Können Wissenschaftler, weil sie ja viel lernen und mit sich selbst kritisch umgehen müssen, auch besser über unser Schicksal entscheiden als wir selbst? Das gilt auch für die Frage nach den «schicksalhaften» Folgen kindlicher Erlebnisse. Sicher trägt alles, was wir erleben, zu unserem Schicksal bei. Aber noch niemand kann bisher das Gewicht dieser Erlebnisse messen. Wir kennen die Geschichten von dem Strohhalm, der dem Kamel das Kreuz brach, vom Tropfen, der das Faß zum Überlaufen bringt. Wir denken, daß beide dasselbe sagen wollen. Aber sie tun es nicht. Der Tropfen ist exakt zu messen, denn das Faß bleibt sich selber gleich. Der Strohhalm hingegen wirkt nicht auf ein mechanisches Hindernis, sondern auf ein lebendiges Wesen. Selbst bei einem Kamel würde ich schon eine kaum erforschliche Zahl möglicher Faktoren vermuten, die darauf Einfluß nehmen, ob es eine Last trägt oder unter ihr zusammenbricht.

Kein Ereignis kann für alle Menschen dasselbe bedeuten, keines kann deshalb auch *allein* unser Schicksal bestimmen. Andererseits ist aber auch keines bedeutungslos – schon gar keines in der Kindheit, deren Schmerz und Lust so vielen Erwachsenen gleichgültig ist, weil Kinder kein Einkommen haben, das sie ausgeben, keine Wahlstimme, die sie abgeben können. «An einem seelischen Schaden ist noch keiner gestorben», sagte der Chefarzt eines Münchner Krankenhauses, als ihm eine Studenteninitiative vorschlug, doch die Mütter kleiner Kinder mit aufzunehmen, damit das Trennungstrauma während des Klinikaufenthalts gemildert werde. Das ist eine typische, unüberlegte, von falschem Autoritätsbewußtsein strotzende Expertenaussage. Jedes Jahr sterben zehnmal mehr Menschen durch Selbstmord als durch Mord. Woran sterben sie, wenn nicht auch an dem, was dieser Arzt so bagatellisiert?

Freuds Aussagen über die schicksalhafte Macht der ersten sechs Lebensjahre stehen in einer dialektischen Spannung zur bürgerlichen Gesellschaft, in der Menschen erst dann zählen, wenn sie Arbeits-, Kauf- und Stimmvieh geworden sind. Wer dumpfe Rezepte aus ihr ableitet, versteht sie nicht, sondern versucht im Gegenteil, ihr diesen Stachel zu nehmen – als ob wir die Neurosen los wären, wenn alle Mütter als glückliche Hausfrauen bis zum sechsten Lebensjahr bei ihren Kindern blieben! Wer andererseits die Wucht kindlicher Erlebnisse mit dem vagen Versprechen immerwährender Korrekturmöglichkeiten zudecken will, redet der gefühlsfeindlichen Leistungsgesellschaft das Wort.

Die Psychoanalyse beschäftigt sich mit kindlichen Erlebnissen, weil sie in ihnen einen kostbaren Quell von Bedeutungen gefunden hat, nicht weil sie hier unausweichlich prägende Einflüsse festlegen möchte. In und mit dieser Beschäftigung wendet sie sich der kindlichen, vielfältigen, kreativen Seite ihrer Klienten zu, sucht diese besser zu verstehen, zu entwickkeln und mit den zweckbestimmten Erlebnisformen des

Erwachsenen zu verknüpfen. In guter Übereinstimmung mit den Erfahrungen aus der psychoanalytischen Arbeit weisen die bisherigen Ergebnisse der empirischen Entwicklungspsychologie darauf hin, daß belastende Erlebnisse in der frühen Kindheit zu schweren Störungen im späteren Leben führen können. Ein Zusammenhang zwischen dem Ausmaß dieser Belastungen und dem Gewicht ihrer Folgen ist oft nachweisbar, jedoch keineswegs immer. Viele bisher nicht erfaßte Einflüsse spielen hier ebenfalls eine Rolle. Prophezeiungen verbieten sich; Warnungen sind sinnvoll. Es ist mit seelischen Verletzungen wohl nicht grundsätzlich anders als mit körperlichen: Wunden heilen, dennoch sind sie gefährlich und sollten vermieden werden. Denn nicht alle heilen ohne bleibende Schäden, nicht alle Narben sind harmlos. Manchmal zeigt sich noch nach vielen Jahren, daß die scheinbar glatt überstandene Beschädigung doch Spuren hinterließ und von ihr getroffene Organe neuen Belastungen schlechter standhalten.

7
Die kindliche Sexualität

Der Vorwurf, die Psychoanalyse würde «alles auf Sex zurückführen» ist ein Beispiel dafür, wie sich aus dem Zusammenhang gerissene Ergebnisse der Psychoanalyse schließlich zu einem Mißverständnis verdichten. Ob sie nun dadurch falsche Freunde oder Feinde gewinnt, jedenfalls erleidet sie Schaden. Die falschen Freunde hoffen, durch sexuelles Sichausleben ein für allemal die Neurosen abzuschaffen. Die Feinde hingegen erklären die Analyse der Perversion zu deren Ausdruck, machen den Boten für die Botschaft verantwortlich. Freud interessierte sich dafür, was einen Menschen bewegt («motiviert»), in einer unbewußten Entwicklung Symptome auszubilden. Krankheitsgeschichte läßt sich analog zu einem verstehbaren Entschluß* auffassen. Sie beruht nicht auf blinden Nervenschädigungen.

War erst einmal dieser Schritt getan, konnte Freud nicht mehr daran vorbei, die bewegende Bedeutung der Sexualität zu verfolgen. Um wenigstens ein Stück Überblick zu gewinnen,

---

* Wir haben zu unserem Unbewußten dieselben Zugangsmöglichkeiten wie zum Erleben eines anderen Menschen. Er kann sehr fremd oder sehr vertraut sein, immer aber bleibt ein Rest Ungewißheit.

konzentrierte er sich auf die kindliche Sexualität, deren Struktur bei aller Vielfalt einfacher und überschaubarer ist als beispielsweise die erotischen und aggressiven Phantasien der Pubertät. Diese haben vielleicht sogar ebensoviel Einfluß auf die seelische Entwicklung, sind aber so reich und so intensiv von familiären und gesellschaftlichen Bedingungen eingefärbt, daß es kaum mehr möglich scheint, allgemeine Aussagen zu treffen.

Die von Freud entdeckten Phasen der «psychosexuellen Entwicklung» gehören heute zum Allgemeinwissen. Die «orale Phase», in der vor allem die Mundzone mit Libido («Liebeskraft» oder «sexueller Triebkraft») besetzt wird, ist die erste. Ihr folgt die «anale Phase», in der Lustgefühle durch die Erregung der Analschleimhaut im Mittelpunkt der möglichen Konflikte stehen. Sie verbinden sich mit dem Drama der frühen Anpassung. Das Kind möchte seine Liebe zur spontanen Entäußerung aller seiner Empfindungen behalten. Aber es muß sich einschränken, weil es sonst die Liebe der Eltern verliert. Das Vergnügen, mit dem Löffel in den Brei zu schlagen oder Tisch und Wände mit Hautcreme zu bemalen, gehört nicht weniger in die anale Phase als die Kontrolle über Blase und Darm. Es geht um die Differenzierung des Trieblebens. Das Kind muß lernen, erlaubte Vergnügungen von unerlaubten zu trennen. Die Forderungen an seine Auffassungsgabe sind sehr groß.

Es ist sicher kein Zufall, daß die anale Phase mit der Zeit des frühen Spracherwerbs zusammenfällt. In der oralen Periode ist die kindliche Welt noch nicht gespalten. Das Kind kennt – wie im Paradies – keinen Unterschied zwischen gut und böse. Dieses Wissen wird von ihm in der Regel auch nicht erwartet. Im guten Fall erfreut es die Eltern dadurch, daß es anwesend ist. Im schlechten stört es sie. Ihm geht der Zugriff ab, durch sein eigenes Verhalten mitzubestimmen, ob es geliebt oder gehaßt wird. In der analen Phase beginnen die Spaltungen. Das Kind muß sich selbst in eine Seite teilen, die gut ist, die bei den Bezugspersonen freudiges Entgegenkommen bewirkt, und in eine andere, die schlecht ist, die abgelehnt und kritisiert wird (wie in der herkömmlichen Erziehung) oder aber mit mehr oder weniger gequälter Miene ertragen.

Während die übliche Auffassung der Sexualität von einer Entfaltung «dunkler Triebe» während der Pubertät ausgeht und Abweichungen wie die gleichgeschlechtliche Liebe auf Erbfaktoren zurückführen möchte, suchte die Psychoanalyse einen anderen Weg. Er unterscheidet sich von der traditionellen Erklärung wie die beiden Formen der Bildhauerei, die Michelangelo charakterisierte. Der Plastiker, der mit Ton arbeitet oder von einer Marmorstatue vorher ein Gipsmodell anfertigt, setzt das fertige Bild zusammen (per via di porre), indem er einem formlosen Klumpen Arme und Beine anfügt. Der echte Bildhauer im Sinne Michelangelos hingegen sucht die fertige Statue im Stein selbst, aus dem er sie befreit, indem er Stück für Stück fortnimmt (per via di levare), was ihre Gestalt verunziert und stört.

Die Sexualität des Erwachsenen entsteht laut Freud nicht dadurch, daß etwas hinzugefügt und angeklebt wird, sondern dadurch, daß die vielgestaltigen sexuellen Empfindungen und Befriedigungsmöglichkeiten einer sozial akzeptierten Form untergeordnet werden, welche wir «normal» oder «schön» finden. Während die Marmorstatue sich fest und klar aus den Splittern erhebt, die sie früher eingehüllt haben, ist die Sexualität des Erwachsenen nie ganz frei von verdrängten Resten der alten Vielgestaltigkeit. Wo ihr die angemessene Befriedigung mißlingt, kann es geschehen, daß solche Splitter plötzlich wichtiger werden als das ganze Bild.

«Wenn der Säugling sich äußern könnte», sagt Freud, «würde er gewiß den Akt des Saugens an der Mutterbrust als das weitaus Wichtigste im Leben anerkennen. Er hat für sich nicht so unrecht, denn er befriedigt durch diesen Akt in einem

beide großen Lebensbedürfnisse... Das Saugen an der Mutterbrust wird der Ausgangspunkt des ganzen Sexuallebens, das unerreichte Vorbild jeder späteren Sexualbefriedigung.»*
Den seligen Zustand des Säuglings an der Mutterbrust, des satten Liebenden an der Seite der Geliebten würden wir heute «narzißtisch» nennen. Freud verstünde den Idealanspruch an eine Beziehung, der heute als Bedürfnis nach einer Symbiose oder als Sehnsucht nach narzißtischer Harmonie beschrieben wird, wohl eher als Rückkehr auf die orale Stufe. Den «Ausgangspunkt des ganzen Sexuallebens» nennt er sie, das «unerreichte Vorbild der späteren Sexualbefriedigung, zu dem die Phantasie in Zeiten der Not oft genug zurückkehrt»**.

In der psychoanalytischen Praxis sind solche begrifflichen Unterscheidungen weniger wichtig, als man denken möchte. Eine Frau beispielsweise weist einen Mann ab, der Kontakt mit ihr sucht, weil dieser – so sagt sie – «ja doch nur mit mir schlafen will». Andererseits leidet sie unter ihrer Einsamkeit und ist auf ihre Freundin eifersüchtig, die mit dem so Verschmähten in Urlaub fährt. Freud würde hier vielleicht von einer Abwehr der genitalen Beziehung sprechen und nach einer verborgenen, schuldbeladenen Bindung an den Vater suchen. Ein anderer Analytiker denkt eher an die Sehnsucht nach einer symbiotischen Harmonie mit der Mutter. Keine reale Beziehung dieser Frau kann ihre Sehnsucht nach Verschmelzung, nach völligem Verstandenwerden befriedigen. Gerade die orgastische Sexualität ist ja auch ein Symbol für Vereinzelung, für Hingabe an die eigene Lust und die kurzzeitige Auflösung der rationalen, kontrollierbaren Beziehung zum Partner. Ob nun ein Analytiker mehr die Sehnsucht nach

---

* Vorlesungen zur Einführung in die Psychoanalyse 20, Studienausgabe Bd. I, Frankfurt (Fischer) 1968, S. 310.
** S. Freud, a.a.O., S. 310.

dem allumfassend befriedigenden, grenzenlos spendenden Partner als Sehnsucht nach der Mutterbrust deutet, ein anderer in ihr die Hoffnung sieht, mit einem vollständig einfühlenden und verständnisvollen Objekt symbiotisch zu verschmelzen – für die Behandlung wesentlich ist nicht so sehr das verwendete Symbol als vielmehr die Einsicht der Klientin, daß sie auf der Suche nach einer illusionären Befriedigung ihre realen Möglichkeiten einschränkt, ja opfert.

Die Symbole als solche sind sogar austauschbar. Die Mutterbrust kann für die narzißtische Harmonie stehen und umgekehrt die satte Einigkeit mit dem Objekt der Libido für die Mutterbrust. In «Wandlungen und Symbole der Libido» hat C. G. Jung versucht, solche Bedeutungen gegen die «nur» sexuellen Freuds zu setzen. Notwendig war das nicht aus der Sache, sondern aus der Rivalität zwischen beiden Forschern. Indem Freud versuchte, möglichst viele unaussprechliche Dinge bei möglichst deutlichen Namen zu nennen, schärfte er die Aufmerksamkeit für einen nicht nur unbewußten, sondern auch sprachlos gehaltenen Bereich des Lebens. Daß mit solchen Worten Bedeutungen nicht erschöpfbar sind, sollte klar sein. Es ist wie mit Pfaden, die in den Urwald geschlagen werden. Einige solcher Pfade sind notwendig, um ihn zu erschließen, um den ganzen Reichtum an Pflanzen und Tieren der Wildnis erst einmal kennenzulernen. Schließlich wird ein Punkt erreicht, an dem das Wegenetz optimal ist: so dicht, daß man einen guten Überblick über die Dschungellandschaft hat und sich zurechtfindet; so locker, daß nicht die Merkwürdigkeiten selbst unter ihrer Erschließung leiden. Die seltenen Orchideen können verschwinden, wenn jeder neue Verwalter der Wildnis seinen Ehrgeiz darein setzt, noch bessere Straßen zu bauen, wenn er Abkürzungen anlegt, an denen Schilder und Wegweiser mit seinem Namen stehen. Vollends verwirrt sich die Situation für den Unkundigen, wenn jeder dieser Verwalter seine eigene Karte herausgibt, auf der nur seine Wege eingezeichnet sind, während er die bereits bestehenden auf diese Weise als unwesentlich hinstellen möchte.

Mit diesem Bild spreche ich die Neigungen innerhalb der Psychoanalyse an, durch immer neue Begriffe den analytischen Klärungsprozeß zu strukturieren. Ich vermute, daß es auch hier ein Optimum gibt, dem beschriebenen Wegenetz vergleichbar, das keineswegs mit der Vielfalt heutiger Theorieansätze identisch ist. Die einfache Weisheit, daß man einen Gegenstand nicht dadurch besser erkennen kann, daß man mehr, sondern nur dadurch, daß man treffendere Beschreibungen findet, wird hier oft vergessen. Daß Freud auf seinen Erkundungsreisen ins Unbewußte die Wege der Libido absteckte und sich an den erogenen Zonen orientierte, finde ich angesichts der verschwommenen Begriffe beispielsweise der gegenwärtigen Narzißmus- oder Objektbeziehungs-Schulen in der Psychoanalyse handfest und klar.

Heinz Kohut nennt das, was Freud als Sehnsucht nach der unerreichbaren Mutterbrust beschreibt, den Wunsch nach Verschmelzung mit einem grandiosen Objekt. Diese Begriffe sind dem subjektiven Erleben näher, aber dem Unbewußten und dem Körper ferner. Verschiedene Analytiker sehen verschiedene Aspekte des psychoanalytischen Prozesses und betonen sie in ihren Beschreibungen. Dabei gehen sie oft von dem Eindruck aus, daß die bisherigen Beschreibungen nicht geeignet sind, ihr Bild auszudrücken. Das mag für sie selbst gelten, rechtfertigt aber nicht den Verdacht, daß es auch anderen Analytikern mißlingen muß. Wenn Kohut erst seine Narzißmuslehre entwerfen mußte, um in der analytischen Situation Herzlichkeit, Einfühlung und Engagement für einen Patienten zu entwickeln, dann sollte er nicht davon ausgehen, daß sein Bild der «orthodox-analytischen Vorgehensweise» einschränkungslos verallgemeinert werden kann.*

In der oralen Phase geht es um alles oder nichts. Entweder ist die nährende Brust da, wenn das Kind Hunger hat, oder sie fehlt. Die frühen Empfindungen katastrophaler Verlassenheit scheinen als existentielle Möglichkeit bei den meisten Menschen erhalten zu bleiben, zum Beispiel in der Eifersucht oder in der Trauer um den Verlust eines geliebten Menschen. Schrittweise entdeckt der Säugling autoerotische Möglichkeiten. Er kann etwa durch Daumenlutschen einen Teil der mangelnden Befriedigung ersatzweise selbst gewinnen. Auch dieser Prozeß, in dem die Abhängigkeit von einem äußeren Objekt durch die autonom erschlossenen Lustquellen gemildert wird, kann sich später wiederholen (beispielsweise wenn ein Erwachsener onaniert, weil sich sein Sexualpartner ihm entzieht). Die Teilung der oralen Phase in eine aufnehmende (rezeptive) und eine zubeißende (kannibalische) finde ich problematisch, weil sich beide Richtungen wohl von Anfang an mischen. Sie wurde von Karl Abraham eingeführt und von dessen Analysandin Melanie Klein später zu einer Systematik gute Milch – schlechte Milch, gute Brust – schlechte Brust erweitert.

Die symbolische Qualität der oral-kannibalischen Phase ist für unser Leben wesentlich genug. Immer wieder stehen wir vor der Entscheidung, das befriedigende Objekt, weil es uns enttäuscht, zu zerstören, in der Hoffnung, aus dieser Zerstörung mehr Befriedigung zu ziehen. Das Sprichwort sagt, man sollte die Kuh nicht schlachten, solange sie Milch gibt. Es unterlegt dem Huhn gar goldene Eier, um es vor dem Messer zu bewahren. Aber unser zwischenmenschlicher Alltag ist voll von Wut, die wie eine ätzende Säure die inneren Bilder unserer

---

* Ausführliche Belege zu dieser Kritik bei Johannes Cremerius, Vom Handwerk des Psychoanalytikers, 2 Bde., Stuttgart (Frommann-Holzboog) 1984.

Geliebten und Freunde zerfrißt, so daß wir am Ende nichts Gutes mehr von ihnen erwarten können und todunglücklich darüber sind. Solche Vorgänge mit der oralen Aggression, mit dem Zubeißen des ängstlichen Säuglings zu verbinden, enthüllt einen möglichen Entwicklungszusammenhang. Die Metapher ist nützlich, um Abstand zu gewinnen, einen Neuanfang zu probieren.

Die Beziehung während der oral-kannibalischen Phase ist das früheste Bild für das Scheitern einer zwischenmenschlichen Beziehung. Es handelt sich um eine Situation, die volkstümlich als Zwickmühle, wissenschaftlich als «Interpunktionsproblem» (Watzlawick) beschrieben wird. Die Mutter entzieht dem Säugling die Brust, weil dieser sie durch heftiges Zubeißen festhalten will. Aus dem Empfinden der Mutter müssen wir schließen, daß sie sich für gutwillig und freundlich hält. Leider zwingt sie dieser bissige Vampir, ihre Brust zu schützen! Aus dem Empfinden des Säuglings (das wir freilich nur rekonstruieren können) müssen wir schließen, daß er ja nur mit seinen Zähnen festhalten möchte, was ihm sonst entzogen wird. Jeder rechtfertigt sein Verhalten durch das Verhalten des anderen. Die Quelle einer möglichen Veränderung ist nach außen verlegt, die eigene Tugend gerettet, aber dadurch droht der Verlust der Beziehung. Viele Schwierigkeiten zwischen Menschen sind von diesem Typus. «Ich mache dir nur Vorwürfe über deine Frauengeschichten, weil du mir nichts von ihnen sagst!» – «Ich sage sie dir nur deshalb nicht, weil du mir Vorwürfe machst!» – «Ich kann nicht mit dir schlafen, weil du mich immer bedrängst!» – «Ich muß dich bedrängen, weil du nie mit mir schlafen willst!»

Die Lösung läge darin, nicht nach einem Ende innerhalb dieser aufeinander bezogenen Argumente zu suchen (also nach einem Punkt, der endlich eine Seite ins Unrecht setzt und damit zum Schweigen bringt). Vielmehr müssen beide Partner die Kreisbahn verlassen. Ein Streit wie dieser, in dem es um Recht behalten, Macht ausüben, die eigene Geltung durchsetzen geht, wäre ohne die Einflüsse der analen Phase nicht denkbar. Sie steht für den Entwicklungsprozeß, der die Sozialisierung des Menschen prägt. «Er soll hier zuerst soziale Würde für Lust eintauschen. Sein Verhältnis zu den Exkreten [Ausscheidungen, W. S.] selbst ist von Anfang an ein ganz anderes. Er empfindet keinen Ekel vor seinem Kot, schätzt ihn als einen Teil seines Körpers, von dem er sich nicht leicht trennt, und verwendet ihn als erstes ‹Geschenk›, um Personen auszuzeichnen, die er besonders schätzt. Noch nachdem der Erziehung die Absicht gelungen ist, ihn diesen Neigungen zu entfremden, setzt er die Wertschätzung des Kotes auf das ‹Geschenk› und auf das ‹Geld› fort. Seine Leistungen im Urinieren scheint er hingegen mit besonderem Stolz zu betrachten.»*

Diese Beschreibung der analen Phase zeigt die Kunst Freuds, seine Entdeckerfreude zu vermitteln. Er redet nicht über die gesellschaftliche Ächtung der leiblichen, der kindlichen Erlebniswelten. Vielmehr stellt er diese nüchtern dar und überläßt es dem Hörer, sich zu entrüsten. Diese Empörung scheint ihm sogar ein wenig Spaß zu machen. «Ich weiß, daß Sie mich schon längst unterbrechen wollten, um mir zuzurufen: Genug der Ungeheuerlichkeiten! Die Stuhlentleerung soll eine Quelle der sexuellen Lustbefriedigung sein, die schon der Säugling ausbeutet! Der Kot eine wertvolle Substanz, der After eine Art von Genitale! Das glauben wir nicht, aber wir verstehen, warum Kinderärzte und Pädagogen die Psychoanalyse und ihre Resultate weit von sich weg gewiesen haben.»**

Die lebensgeschichtliche Bedeutung der körperlichen Erregungen und leidenschaftlichen Gefühle unserer Kindheit läßt sich nicht von der Vermeidung und Tabuisierung dieser Erlebnisformen innerhalb der gesellschaftlichen Machtzentren

---

* S. Freud, Vorlesungen, a. a. O., S. 311.
** S. Freud, Vorlesungen, a. a. O., S. 311.

trennen. Wenn Freud die kindliche Sexualität, weil sie ebenso von der Fortpflanzung absieht wie die Perversionen der Erwachsenen, insgesamt «pervers» nennt, dann schokkiert er eine bürgerliche Welt, die damit beschäftigt ist, ihre eigenen emotionalen Wurzeln abzuschneiden. Er weist darauf hin, daß es auch andere Mächte gibt als die Zweckmäßigkeit, und sei es die der Fortpflanzung. Wir müssen heute fürchten, durch unseren engen Begriff der technischen Zweckvernunft die Bezüge zu einer lebendigen, vielfältigen Zweckmäßigkeit zu verlieren. Die scheinbare Selbstgewißheit, mit der Wahrscheinlichkeitsrechnungen über kreatürliche Angst gesetzt und schleichende Vergiftungen als unausweichlich verharmlost werden, zeigt die Ausdauer analer Unterdrückungsmechanismen. In einer Gesellschaft, welche den kindlichen Körper nicht in ein Werkzeug zur Fabrik- und Verwaltungsarbeit umschmieden will, wäre die wissenschaftliche Rekonstruktion der kindlichen Sexualität so überflüssig wie ein Tierpark in der Wildnis. Was in dieser frühen Zeit geschieht, macht es möglich, daß später im Wahn der Naturbeherrschung Flüsse und Wälder vergiftet werden. Freud hat diese Gefahren nicht voraussehen können. Aber seine Entdeckungen ermöglichen es uns heute, besser zu verstehen, aus welchen Gründen es so schwierig ist, ihnen zu entgehen, warum Angst und Mitgefühl so leicht aus einem gesellschaftlichen System verlorengehen, das den Zugang zu der Vielfalt der körperlichen Bedürfnisse des Kindes verliert und sein zweckmäßiges Verständnis der Sexualität mit aller moralischen Macht durchsetzen will. Um Mißverständnissen vorzubeugen: ich halte keineswegs die Unterdrückung der kindlichen Sexualität für die Ursache der Umweltmisere. So einfach sind die Dinge nicht. Aber beide Erscheinungen hängen zusammen, und die psychoanalytische Methode ist nützlich, um einen Teil dieser Zusammenhänge in jedem einzelnen Fall aufzudecken.

Wer von der psychoanalytischen Auffassung der Sexualität spricht, muß auch den Ödipuskomplex einbeziehen. Er ist sicher einer der am meisten umstrittenen Inhalte der analytischen Theorie. Begehrt wirklich jeder Sohn die Mutter, haßt er wirklich den Vater und wünscht ihm den Tod? Liebt umgekehrt die Tochter den Vater, lehnt sie die Mutter ab? Hat die griechische Sage etwas mit diesen Gefühlen zu tun? Auf die letzte Frage fällt mir ein schlichtes Ja am schwersten, seit ich vor fast zwanzig Jahren meine Doktorarbeit über den Ödipusmythos und seine psychologischen Deutungen geschrieben habe.* Freud kannte von diesem Mythos nur die späten Bearbeitungen durch die attischen Tragödiendichter. Er wußte wenig von den sozialen Traditionen, die in Griechenland beim Übergang der matrilinearen Genealogie zur patrilinearen dazu führen mochten, daß bestimmte Königshäuser Inzestgeschichten gewissermaßen aus staatsrechtlichen Gründen erzählen mußten. Ich will mich hier nicht in ein Thema vertiefen, das mich einmal sehr fasziniert hat. Ein Leser, der die Psychoanalyse kennenlernen will, wird sich nicht unbedingt für Einzelheiten der thebanischen Mythologie interessieren.

Der Ödipuskomplex scheint mir ein gutes Beispiel dafür, wie die Ergebnisse der Psychoanalyse mißbraucht oder auch mißverstanden werden, weil sie eine Scheinsensation liefern. Richtig eingeordnet kann er nur dann werden, wenn man bereit ist, die Methode gewissermaßen mitzudenken. Der Haß gegenüber dem gleichgeschlechtlichen Elternteil, die Liebe zum gegengeschlechtlichen sind Knotenpunkte in einem verwickelten Gefühlsgeflecht, das wohl in jeder vollständigen Familie eine Rolle spielt. Aber das heißt nicht, daß ausschließlich diese Mo-

---

* Wolfgang Schmidbauer, Mythos und Psychologie, München (E. Reinhardt) 1970.

tive wesentlich sind. Wer Menschen verstehen will, darf sich freilich kein Denkverbot auferlegen, das solche Gefühle für unmöglich erklärt. Deshalb haben die Dichter diese Sicht der Psychoanalyse auch williger übernommen als viele Wissenschaftler. Vor allem muß mitbedacht werden, daß beim kleinen Kind Gefühlseinstellungen, die beim Erwachsenen zu einem Konflikt führen würden, nebeneinander bestehen können: neben dem Haß auch die Liebe, wie das Lamm neben dem Wolf. Weiterhin ist zu bedenken, daß die Eltern selbst durch ihre Gefühle die Ödipuseinstellung des Kindes erwecken und beeinflussen (was Freud genau gesehen hat*, obwohl ihm oft unterstellt wird, er hätte die Eltern immer freigesprochen). Der Ödipuskomplex ist der Familienkomplex. Dieser Name wäre auch genauer, aber er betrifft den Leser nicht so, macht ihn nicht so neugierig, weckt auch keinen Widerstand.

Die ambivalenten, das heißt aus Libido und Aggression gemischten Gefühlseinstellungen des Kindes gegenüber beiden Eltern sollen sich so klären, daß sich das Kind mit dem gleichgeschlechtlichen Elternteil identifiziert und sich vom gegengeschlechtlichen löst. Der Sohn muß bereit sein, so zu werden wie sein Vater und sich eine Frau zu wählen, die nicht seine Mutter ist. Die Tochter muß bereit sein, so zu werden wie ihre Mutter und sich einen Mann zu nehmen, der nicht ihr Vater ist. Dieses «muß» ist kein moralischer Appell, eher eine psychologische Erfahrung, die Bedingungen für eine gesunde seelische Entwicklung zusammenfassen will. Auch Geschwister spielen für den Ödipuskomplex eine Rolle, die manchmal wesentlicher sein kann als die der Eltern.

Der Psychoanalytiker findet die Frage, ob es den Ödipuskomplex gibt oder nicht, für seine Arbeit absurd. Natürlich gibt es ihn. Aber nicht so wie den Kochschen Bazillus in der Lunge des Tuberkulosekranken. In der Analyse geht es nicht

---

* Etwa in: Vorlesungen, a.a.O., S. 328.

darum, im einzelnen Fall abstrakte Modelle zu bestätigen, sondern sich in die Geschichte eines Menschen zu vertiefen. Da gibt es Männer, die sich – von der Mutter enttäuscht – dem Vater zuwenden, indem sie ihre unterwürfigen, homosexuellen Neigungen hervorkehren. Ich habe einmal einen solchen behandelt; er litt unter anderem an der Zwangsvorstellung, er müsse sich mit einer Schere oder einem Messer selbst entmannen, weshalb solche gefährlichen Werkzeuge nie offen herumliegen durften. In einem anderen Fall wurde der von der Mutter verzärtelte Sohn, dessen Einfühlsamkeit sie nicht genug rühmen und der nüchternen Haltung ihres Ehemanns entgegensetzen konnte, mit dem Einbruch der Pubertät plötzlich zu einem Verehrer harter Männlichkeit. Er wollte nicht mehr mit der Mutter reden, brach die Schule ab und ging zur Bundeswehr, um Panzerfahrer zu werden. Das erschreckte seine friedliebende Mutter sehr. Mir würde diese Geschichte wohl nicht einfallen, wenn nicht diese psychologisch unterrichtete Frau versucht hätte, mir zu erklären, dieses Verhalten sei doch ein guter Beweis gegen die Theorie vom Ödipuskomplex. Der Junge habe ein viel vertraulicheres Verhältnis zum Vater, mit dem er lange Briefe wechsle, die sie nicht lesen dürfe.

Freud sagt, «daß zur Zeit der Pubertät, wenn der Sexualtrieb zuerst in voller Stärke seine Ansprüche erhebt, die alten familiären und inzestuösen Objekte wiederaufgenommen und von neuem libidinös besetzt werden»*. Die Rede von der libidinösen Besetzung ist ein Hinweis auf das energetische Denken Freuds. Die alten Bilder werden mit neuer sexueller Energie geladen, deren Wucht entweder die alten Strombetten füllt oder aber – da zu gefährlich – gestaut und abgelenkt werden muß. Einen solchen Staudamm gegen die alte, inzestuöse Bindung an die Mutter richtete wohl auch der verzärtelte Gymnasiast auf, der so abrupt zu den Panzergrenadieren ging.

* Vorlesungen, a. a. O., S. 329.

Vermutlich stört den einen oder anderen Leser die Formulierung vom Sohn, der bereit sein sollte, so zu werden wie sein Vater. Sie ist mißverständlich, weil sie mehrere Aussagen zu verdichten sucht. Die Lösung des Ödipuskomplexes ist letztlich die, daß der Erwachsene lebt, ohne sich besonders auf seine Eltern zu beziehen. Sie sind Menschen wie er, denen er nicht beweisen muß, daß er ganz anders ist als sie. Solange eine Frau besonders darauf achten muß, «ganz bestimmt nicht so zu sein wie meine Mutter», steht sie im Bann ihres Ödipuskomplexes. Die Lösung von der Kindheit liegt darin zu leben, nicht darin, an der eigenen Individuation zu arbeiten. Dann muß man immer daran denken, was nun kindisch, was «reif» ist (ein Adjektiv, das man lieber nur auf Obst anwenden sollte). Die gelungene Identifizierung mit Vater oder Mutter besagt nicht, daß man so ist wie sie, sondern eher, daß es einem nichts ausmachen würde, so zu sein wie sie. Es ist wie bei dem Witz vom kleinen Moritz, der bettnäßt und deshalb zum Analytiker soll. Danach macht er immer noch ins Bett, aber es stört ihn nicht länger. Diese Anekdote wird oft erzählt, um sich über die Psychoanalytiker lustig zu machen. Tatsächlich aber führt sie mit ironischen Mitteln die psychoanalytische Gesellschaftskritik fort. Was ist das für eine Welt, in der ein Kind ruhig unglücklich sein kann, wenn es nur nicht ins Bett macht? In der umgekehrt seine Zufriedenheit nichts wert ist, weil es immer noch nicht funktioniert?

> Eine etwa dreißigjährige Frau bringt einen Traum in die Analyse. «Schon auf dem Weg hierher hatte ich Angst, ihn zu erzählen. Dabei habe ich solche Träume recht oft. Ich bilde mir auch ein, sie zu verstehen. Aber trotzdem ist es etwas anderes, sie hier auszusprechen. Ich träume von einem alten Schlachthof. Es hat ein Erdbeben gegeben, das Gebäude hat gefährliche Risse. Die Räumung ist geplant, die Leute überlegen noch, ob sie das Gebäude sperren. Ich habe meine Reisetasche drinnen und muß unbedingt hinein, um sie zu holen. Denn ich habe ein heimliches Verhältnis mit einem

Mann, und es ist die letzte Gelegenheit, mit ihm zu schlafen, ich bin ganz scharf darauf und will das auf keinen Fall verpassen. Also brauche ich meine Tasche, wo meine Zahnbürste, Handtuch und was man sonst für eine Nacht braucht darinnen sind. Gleichzeitig habe ich ein schlechtes Gewissen, weil ich nur an mich denke, nicht an die anderen Leute oder gar an die Gefahr, die von dem Gebäude auch für meine Kinder ausgeht.»

Zu den Schuldgefühlen, die sich auf ihre verbotene sexuelle Beziehung richten, fallen der Patientin heftige Auseinandersetzungen mit ihrem Vater ein. Sie mußte während der Pubertät und nachher buchstäblich für jeden Ausgang eine Ausrede ersinnen. Der Vater verdächtigte sie, eine Hure zu sein, die es mit allen treibe. Jede Party einer Freundin gab Anlaß zu erbitterten Auseinandersetzungen, Geschrei, selbst Schlägen. Das bisher zärtliche Verhältnis zum Vater war wie verwandelt. «Ich weiß nicht, ob Sie mich verstehen. Ob Sie wissen, wie das mit einer katholischen Erziehung ist», sagt die Patientin schließlich, wie mißtrauisch.

Ich bin unsicher. Ihre ängstliche Spannung scheint nach Trost zu verlangen. Soll ich ihr gestehen, daß ich selbst katholisch erzogen bin, die Unkeuschheiten des Beichtspiegels und die Skrupel vor der Kommunion genau kenne? Ich beschließe, lieber zu fragen, welche Phantasie sie denn in dieser Angelegenheit über mich habe. «Ich denke, daß Sie mich da nicht verstehen. Das kann keiner, der das nicht mitgemacht hat.» – «Ich frage mich, ob Sie die katholische Erziehung nicht deshalb so betonen, weil die Eifersucht und das verborgene sexuelle Interesse Ihres Vaters dahinter verschwinden. Und mich können Sie dann aus Ihrer Familie ausschließen, weil ich nicht dazugehöre und keine Ahnung von der katholischen Kirche habe!» Pause. Nach einer Weile frage ich, wo sie denn während des Schweigens mit ihren Einfällen hingeraten sei. «Ich war bei meinen Kindern. Ich finde sie unheimlich schön, und obwohl ich mich oft streite, versöhnen wir uns dann wieder, nehmen uns in den Arm, oder sie rennen an mich, wenn ich nackt bin, und ich schwinge sie so herum. Dann habe ich Angst, daß es zuviel ist, daß ich sie zu sehr reize. Aber mir ist diese Zärtlichkeit wahnsinnig wichtig.» Sie kämpft mit den Tränen, während sie spricht. «Ihr Gefühl, wenn

Sie das erzählen, scheint ganz ähnlich wie vorher, als Sie von den Auseinandersetzungen mit Ihrem Vater berichtet haben. Als ob ein ganz schlimmer Verlust dabei wäre, etwas sehr Trauriges.»

Oft enden Stunden an solchen Punkten, mitten in einer Materialsammlung. Diesmal aber scheint mir der Zeitpunkt günstig, eine zusammenfassende Deutung zu versuchen. «Oft ist es so, daß sich mit dem Heranwachsen einer Tochter das bisher zärtliche Verhältnis zum Vater verändert. Es entspinnt sich ein Kampf, eine für beide Seiten quälerische Auseinandersetzung, die es erleichtert, die körperliche Zärtlichkeit zu beenden, ja sie in Schläge und Strafen umzuwandeln. Mir scheint nun, daß Sie in dieser Situation besonders verwundbar waren, weil Sie ursprünglich zum Vater ein zärtlicheres Verhältnis hatten als zur Mutter und er Sie gewissermaßen dafür entschädigt hat, daß die Mutter so wenig für Sie da war.» (Ich weiß aus einer vorangegangenen Stunde, daß die Mutter das kleine Mädchen im Alter von einem Jahr bei der Großmutter ablieferte und es erst nach anderthalb Jahren wieder zurück in den eigenen Haushalt nahm. Das Kind konnte daraufhin kein vertrauliches Verhältnis mehr zur Mutter finden; diese unternahm auch keine Anstrengungen, diese Kluft zu überbrücken.) «Daher hängen wohl die Einfälle über die Zärtlichkeit zu Ihren Kindern mit dem Gefühl zusammen, daß Ihre sexuellen Bedürfnisse mit dem zärtlichen Kontakt zum Vater unvereinbar sind, daß Sie entweder sich selbst aufgeben müssen oder ihn, daß es aber in jedem Fall sehr gefährlich und von Katastrophen bedroht ist, wenn Sie ihre eigenen erotischen Bedürfnisse leben.» (Ich könnte noch hinzufügen, daß die im Schlachthof versteckte Reisetasche vermutlich ein Symbol für diese autonomen sexuellen Wünsche des Mädchens ist; dazu paßt, daß ihr Inhalt als unentbehrlich erlebt wird; sie zu gewinnen, ist offensichtlich gefährlicher als alles andere. Ich unterlasse es, weil ich ohnehin schon relativ viel gedeutet habe und die Patientin in dieser Stunde auch keine Einfälle zu diesem Thema gebracht hat.)

In diesem Beispiel wird deutlich, daß die Lösung vom Vater und die Identifizierung mit der Mutter dadurch erschwert werden kann, daß die Mutter während der frühen Kindheit als unzuverlässig und kalt erlebt wurde. Andererseits wäre es verfehlt, nur die präödipale Störung zu berücksichtigen und zu übersehen, daß die Eltern (und hinter ihnen die strikte katholische Norm, die das Liebesgebot allein den Kindern auferlegen möchte) durch ihren Umgang mit der ödipalen Situation *und* mit ihrer Neubelebung in der Pubertät diese Frühstörung verschärft haben. Unter anderen Umständen hätte sie vielleicht ausgeglichen werden können. Um menschliche Entwicklungen zu beurteilen, ist es wichtig, nicht nur zu sehen, was getan, sondern auch zu betrachten, was unterlassen wurde.

In unserem Beispiel hätte das pubertierende Mädchen eine verständnisvolle Mutter gebraucht, die ein Gegengewicht zu den zwanghaften Einschränkungen und verdeckten sexuellen Interessen des Vaters bilden kann. Vermutlich ist es bei ernstlichen neurotischen Schwierigkeiten immer so, daß sich ein Mangel an kompensierenden, erleichternden Erfahrungen und ein Überfluß an Belastungen auf unheilvolle Weise ergänzen. Diese Ergänzungsreihe ist mit einer anderen von inneren (zum Beispiel genetischen) und äußeren Einflüssen verflochten. Die analytischen Erfahrungen sprechen dafür, daß es Kinder gibt, die große Fähigkeiten haben, belastenden Einwirkungen zu widerstehen, indem sie durch die schöpferische Kraft ihrer Phantasie Mängel der Gegenwart ausgleichen. Andere haben diese Kraft nicht. Ihre Phantasie wird zu einem inneren Gift, das die schädlichen Einwirkungen von außen aufnimmt und verstärkt.

8
Neurotisches Elend und allgemeines Leid

> «Sie werden sich überzeugen, daß viel
> damit gewonnen ist, wenn es uns gelingt,
> Ihr hysterisches Elend in gemeines
> Unglück zu verwandeln. Gegen das letztere
> werden Sie sich mit einem wiedergenesenen
> Seelenleben besser zur Wehr setzen können.»
>
> *Sigmund Freud**

Die Zeiten sind vorbei, in denen Patienten ihren Ärzten und Gläubige ihren Hirten bedingungslos ausgeliefert waren. Obwohl die Macht der Experten keineswegs gebrochen ist, nagen doch Entkolonialisierungs- und Bürgerrechtsbewegungen an ihr. Religiöse und politische Würdenträger können sich eines über jede Kritik erhabenen Ansehens schon lange nicht mehr erfreuen. Ärzte und Juristen, in jüngster Zeit auch Physiker und Ingenieure, müssen auf respektlose Fragen gefaßt sein, wenn sie allzu deutlich verraten, daß ihr Urteil über die Gefahren des technischen Fortschritts von den Interessen der Industrie eingefärbt ist. Warum sollte es den Psychotherapeuten anders und besser gehen?

Für den Bürger ist dieses von mißtrauischer Kritik bestimmte Verhältnis alles andere als erfreulich. Für eine höchst unvollkommene Freiheit von Willkür bezahlt er mit einem hohen Maß an Unsicherheit. Eigentlich liegt ihm nichts daran, die Experten zu kritisieren. Und wenn es schon sein muß – ach, warum gibt es nicht einen Experten dafür, der ihm

---

* Studien über Hysterie, Ges. W. I, S. 312.

die Orientierung in dieser unübersichtlichen Welt abnimmt? Wer in diesem Dilemma rasche und einfache Lösungen anbietet, spielt meist nur die alte Melodie in einer neuen Tonart. Wer sich beispielsweise, von den akademischen Ärzten enttäuscht, in gläubigem Vertrauen an die Heilpraktiker wendet, kann durchaus vom Regen in die Traufe geraten. Viel verläßlicher sind hier die konkreten Erfahrungen anderer Betroffener, die Selbsthilfegruppen.*

Vorsichtsmaßnahmen sind immer nützlich. Wer sich heute einem chirurgischen Eingriff unterziehen muß, ist gut beraten, vorher das Urteil eines fachkundigen Arztes einzuholen, der ihn nicht selbst operiert und daher auch keine von persönlichem Interesse eingefärbte Meinung hat. Freilich ist auch dieser Weg nicht narrensicher. Was tun, wenn sich die Experten widersprechen und die Entscheidung wieder bei dem Betroffenen liegt? Einen Dritten fragen? Oder abwarten? Auch die übereinstimmende Meinung vieler Experten muß nicht unbedingt dem Wohl des Klienten dienen. Es gibt dazu eine lehrreiche Geschichte. Von tausend zufällig aus der Bevölkerung ausgelesenen Kindern waren in New York bei fast zwei Dritteln die Mandeln bereits entfernt. Die restlichen Kinder wurden nun einer Ärztegruppe vorgestellt, die an einer Klinik arbeitete, in der ärmere Bevölkerungsschichten kostenlos versorgt wurden. Bei knapp der Hälfte schlugen die Ärzte eine Mandeloperation vor. Den Rest schickten sie als «gesund» nach Hause. Als aber diese zweimal ausgelesenen Kinder erneut einer anderen Ärztegruppe vorgestellt wurden, sollten sich wieder rund 50 Prozent die Mandeln herausnehmen lassen. Nun war nur noch ein halbes Hundert Kinder übrig, die dreimal eine Reihenuntersuchung ohne den Rat zu einer Mandeloperation

---

* Michael Lukas Moeller, Selbsthilfegruppen. Selbstbehandlung und Selbsterkenntnis in eigenverantwortlichen Kleingruppen, Reinbek (Rowohlt) 1978.

überstanden hatten. Als sie noch mal von einer neuen Ärztegruppe untersucht wurden, fand diese wiederum, daß jeder zweite eine Mandeloperation brauchte.* Wir haben allen Anlaß zu glauben, daß dieses Experiment eine Grundhaltung enthüllt. Wenn ein Experte darüber urteilen soll, ob seine Dienstleistung gefordert ist oder nicht, wird er sich in einer sachlich nicht gerechtfertigten Weise für unentbehrlich erklären. Und er wird diese Erklärung als sachlich gerechtfertigt hinstellen. Wer sonst kann das beurteilen?

So finde ist es durchaus einer Überlegung wert, ob der potentielle Analysand, ehe er die langwierige und gefahrvolle Nachtmeerreise durch das eigene Unbewußte antritt, jemand anderen als den Fährmann befragen soll, in dessen Boot zu steigen er sich anschickt. In vielen Fällen wird er ihn sich deshalb ausgesucht haben, weil ihm Freunde begeistert von ihren Fahrten mit diesem Kapitän erzählt haben. Manchmal haben sie auch nur die Qualitäten des Bootes gelobt – der Therapiemethode oder Therapietechnik, die zu dem betreffenden Psychonauten gehört. In unserem von technischen Geräten faszinierten Zeitalter wird die Bedeutung des Fahrzeugs häufig überschätzt. Unser Vergleich hinkt auch insofern, als Kapitän und Schiff in der Regel getrennt voneinander betrachtet werden können, während hier beide mehr oder weniger miteinander verschmelzen. Wer Kapitäne für lästige Störenfriede hält und am liebsten selbst das Steuer in der Hand hat, wird sich deshalb schwertun, sich auf seiner Reise nicht zu verirren.

Vor einiger Zeit sprach ich mit einer etwa fünfunddreißigjährigen Frau. Sie wollte wissen, ob ich mit ihr eine Psychoanalyse im Kohutschen Stil machen könne. Ihr Anliegen erinnerte

---

* Ivan Illich, Die Nemesis der Medizin. Von den Grenzen des Gesundheitswesens, Reinbek (Rowohlt) 1977, vgl. auch Wolfgang Schmidbauer, Im Körper zuhause. Alternativen für die Psychotherapie, Frankfurt (Fischer) 1982.

mich an eine Kleinanzeige, die ich in einer Berliner Stadtzeitung las: «Therapeutin gesucht, die wie Alice Miller arbeitet.» Während man bei solchen Annoncen noch davon ausgehen kann, daß der Klient wünscht, ein aus Büchern gewonnenes Bild des idealen Therapeuten möge konkrete Gestalt annehmen, beruhte der Wunsch meiner Gesprächspartnerin auf einer eigenen, langen und für sie bitteren Analyseerfahrung.

Sie hatte bei einem Analytiker, den ich dem Namen nach kannte, mehrere Jahre verbracht. Es war ihr immer schlechter gegangen. Sie suchte Hilfe bei anderen Autoritäten und in psychiatrischen Kliniken. Ein mir ebenfalls vom Hörensagen bekannter Professor hatte ihren Analytiker kritisiert, ihm eine gänzlich falsche Methode unterstellt und ihr geraten, doch die «Psychoanalyse nach Kohut» zu machen. Ich verstand ungefähr, was er meinte: eine Therapie, die das Selbstgefühl des Patienten stützt und nicht in Frage stellt. Meine Gesprächspartnerin schien mir einerseits autoritätssüchtig, vom Wunsch nach einem starken Führer beherrscht, andererseits aber auch im höchsten Grade mißtrauisch und bereit, beim geringsten Versagen dieser hehren Gestalt den Erlöser ans Kreuz zu schlagen.

So riet ich ihr, doch eine Behandlung bei einem der beiden Professoren zu machen, die ihren Analytiker kritisiert hatten. Keiner dieser Ärzte, deren Rat sie befolgen wollte, bot aber eine für sie realisierbare Möglichkeit. Ich versuchte, mit ihr über meine Schwierigkeiten zu sprechen, die Person und die Methode des Therapeuten zu trennen. Es gelang mir, mit ihr herauszuarbeiten, daß ihre erste Analyse nicht an der Methode, sondern an der Beziehung zu ihrem Therapeuten gescheitert war. Aber ihr Anspruch auf einen neuen Analytiker, der ihr von Anfang an versprechen konnte, sie richtig nach Kohut und nicht falsch nach Freud zu behandeln, war unerschütterlich.

Dieses Gespräch hat mich immer wieder an ein Buch erinnert, das ich kurz vorher gelesen hatte: Vera Beckers Bericht über ihren Irrweg durch die deutsche Therapieszene, den

Hansjörg Hemminger kommentiert hat.* Es ist ein wütendes und trauriges Buch, gerade in seiner Einseitigkeit und Ungerechtigkeit lehrreich. In einer Tabelle faßt Vera Becker insgesamt acht Therapieversuche zusammen. Keiner hat ihren Zustand gebessert, einige haben ihn sogar verschlechtert. Andererseits bemerkt sie, daß nur die Hoffnung auf eine Besserung ihr die Kraft gab, sich nicht umzubringen. Die Vermutung liegt nahe, daß die Therapeuten gewissermaßen als Figurenopfer fallen mußten, um das Überleben der immer unzufriedenen, aber auch immer an den Ort ihrer Unzufriedenheit zurückkehrenden Patientin zu ermöglichen.

Mir geht es hier darum, auf eine verborgene Verwandtschaft hinzuweisen, welche den Therapie-Enttäuschten mit dem Therapie-Schwärmer verbindet. Beide erleben sich in einer geschichtslosen Suche nach dem Glück: enttäuscht und immer wieder die Enttäuschung suchend der (oder die) eine, beglückt, jedoch unersättlich nach weiterem Therapie-geschaffenen Glück der (oder die) andere. Beiden scheint es schwerzufallen, einen kritischen Abstand zu finden, aus dem deutlich wird, wo die Grenzen der Therapie liegen. So wie sie in der Entwicklung der bürgerlichen Gesellschaft entstanden ist, sollte man von ihr nie das schlechthin Gute erwarten, sondern immer nur einen vorübergehenden Behelf.

In dem gegenwärtigen Überangebot der verschiedensten Therapiemethoden, die ihre Produkte anpreisen wie Autofabriken ihre Fahrzeuge, droht die klassische Unterscheidung Freuds zwischen neurotischem Elend und allgemeinem Leid verlorenzugehen. Das erste kann gelindert werden, das zweite gehört uns allen, es läßt sich nicht vermeiden. Im Gegenteil: das Streben, ihm zu entgehen, es um keinen Preis zu ertragen,

* Hansjörg Hemminger/Vera Becker, Wenn Therapien schaden. Kritische Analyse einer psychotherapeutischen Fallgeschichte, Reinbek (Rowohlt) 1985.

vergrößert es gerade zum neurotischen Elend. In unserer vom Machen, von Aktivität und Technik beherrschten Umwelt fällt es schwer einzusehen, wie viele seelische und zwischenmenschliche Probleme unlösbar sind. Allenfalls können wir lernen, mit ihnen zu leben. Gefordert sind dann passive Kompetenzen, Fähigkeiten, zu ertragen, auszuharren, über der Rache für eine enttäuschte Erwartung nicht die real möglichen Befriedigungen aufzugeben.

Vera Beckers Therapieberichte sind von diesem Geist der Rache beherrscht. Unermüdlich zerstört sie die Illusion des wirklich menschlichen Therapeuten und hofft, sie beim nächsten Therapeuten zu finden, der eine bessere Technik anwendet: aber die Technik erbittert sie und führt dazu, daß sie sich erneut auf ihre rastlose Suche macht. Immerhin geschieht etwas, sie tut etwas, sie kann sich die Hoffnung auf ihren Sieg bewahren, der ein Sieg ihrer kämpferischen, aktiven Seiten sein muß. Wie aber auf diesem Weg mit der tiefen Angst vor Passivität fertig werden, welche die Erfüllung ihrer Sehnsucht nach Liebe und Geborgenheit verhindert? Therapie ist oft eine Ersatzbefriedigung; das Entthronen von Therapeuten kann einen ähnlichen Charakter gewinnen.

Wer Überlegungen über die Grenzen der Therapie und die Trennung zwischen neurotischem Elend und allgemeinem Leid anstellt, wird in den Verdacht geraten, die Menschen zu entmutigen, die sich doch von seinem Rat Trost und Hilfe erwarten. Ich glaube aber nicht daran, daß die Verleugnung solcher Zweifel auf Dauer nützlich ist. Persönlich fällt es mir nicht leicht, den Weg zwischen den Polen meines eigenen Therapieenthusiasmus und meiner eigenen Therapiekritik zu finden. Mir ist es auch wichtig, die Anziehung beider Pole zu spüren und nicht einen davon aus meinem Bewußtsein auszublenden. Zwischen dem überflüssigen Schmerz, der unbewußte Kindheitsphantasien wiederholt, und dem unausweichlichen Leid zu unterscheiden, das unser Leben (und besonders das Leben in einer naturzerstörenden, von Katastrophen bedrohten Industriegesellschaft) mit sich bringt, ist schwierig. Dennoch finde ich es eher entlastend, mich und meine Klienten über die Grenzen therapeutischer Möglichkeiten genau informiert zu halten.

Wer sich davor fürchtet, daß es ihm nach einer Therapie schlechter statt besser geht, kann sich von der Psychoanalyse Aufklärung darüber holen, wie solche Entwicklungen zustande kommen. Sie unterscheidet sich in diesem Punkt wohltuend von den Versprechungen, schnell, angenehm und gründlich zu heilen, die man anderswo finden kann. Insgesamt sind solche negativen Entwicklungen nach einer Analyse freilich viel seltener als beispielsweise Schäden durch Medikamente oder Operationen in der Organmedizin. Das liegt nicht daran, daß Psychoanalytiker geschickter sind als Chirurgen, sondern nur daran, daß sie über keine so eingreifenden, vom Willen der Patienten unabhängigen Werkzeuge verfügen wie Injektionsnadel oder Skalpell.

Die beiden wichtigsten Erklärungsmodelle solcher Therapieschäden sind die «negative therapeutische Reaktion» und die «maligne Regression». Bei der negativen therapeutischen Reaktion reagiert ein Analysand zunächst erleichtert auf eine treffende Deutung. Später jedoch verschlechtert sich sein Befinden auf unerklärliche Weise. Ähnlich kann es im analytischen Prozeß geschehen, daß beispielsweise eine heftige Krise in der Beziehung zwischen dem Psychologen und Klienten glücklich überwunden, ein vorher nicht für möglich gehaltenes Vertrauen im Entstehen ist. Plötzlich aber beschließt der Klient, die Analyse abzubrechen. Er findet tausend Gründe dafür, entdeckt aber zuletzt (oder gar nicht) den, daß er sie beenden will, weil sie ihm hilft und ihn erleichtert. Wir geraten in den dunklen Lebensbereich jener selbstbereiteten Hölle, über deren Pforten nicht weniger als über Dantes Inferno der Spruch stehen könnte: Laßt alle Hoffnung fahren! Unsere modernen Begriffe für diesen Ort machen es uns nur scheinbar leichter, mit ihm umzugehen. Wir nennen ihn den seelischen Masochismus und führen ihn auf ein unbewußtes Schuldgefühl zurück.

Eine der vielen Bedeutungen neurotischer Leiden ist demnach, daß sie ein verborgenes Strafbedürfnis befriedigen. Aus diesem speist sich ein Teil der Widerstände, die einer Heilung im Wege stehen. Der Betroffene hält an seinem Leiden fest, um dem schlimmeren Leid zu entgehen, das er unbewußt fürchtet. Tatsächlich fällt es jedem von uns immer wieder schwer, ein bekanntes Übel gegen ein unbekanntes Gut zu tauschen. Die Dichter haben früher beschrieben, daß nur starke Menschen den seelischen Höhenflug des Glücks zulassen. Sie trauen sich, den im menschlichen Schicksal unausweichlichen Absturz in Verlust, Krankheit, Schmerz, Trauer und Tod zu ertragen. Der Analytiker spricht von einem undifferenzierten Über-Ich, das nicht zwischen erlaubten und unerlaubten Befriedigungen unterscheidet, sondern ganz allgemein Lust verbietet und nur Unlust gestattet. Wie gefährlich, es sich gutgehen zu lassen! Je mehr er gemieden wird, desto größer und mächtiger scheint die Sehnsucht nach dem unzerstörbaren Glückszustand, in dem nicht nur das neurotische Elend, sondern auch das allgemeine Leid in einem garantierten Paradies aufgehoben sind. Wehe dem Psychoanalytiker, der solche Erlösung verspricht und den entsprechenden Erwartungen seiner Analysanden nicht klar und konsequent genug begegnen kann. Vom hoffnungsvoll angebeteten Gott verwandelt er sich leicht in einen Teufel, den die ganze Schuld am Verlust des Gartens Eden trifft.

Die maligne Regression ist eine dunkle Schwester der erwünschten Rückkehr zu den weniger festgelegten, vielfältigeren, gefühlsbestimmteren Erlebnisweisen der Kindheit, aus der sich ein analytischer Genesungsprozeß speist wie ein Garten in der Wüste aus einer Quelle. Während die Regression im Dienst der Analyse vor allem während der gemeinsamen Arbeit stattfindet und der Patient gestärkt in seinen Alltag zurückkehrt, dankbar um die Möglichkeit, seine Phantasien, Sehnsüchte, Angst- und Haßgefühle ausdrücken und im geschützten Raum der Analyse schrittweise besser verstehen zu können, ist es bei der malignen Regression umgekehrt. Dem Analysanden geht es nach den Sitzungen schlechter statt besser. Er beherrscht sich dort und findet nachher keinen Halt mehr. Er sucht andere Helfer auf, geht zum Nervenarzt und besorgt sich ein Rezept für Psychopharmaka. Freunde und Bekannte werden mit Berichten über die Qualen seiner Therapie überhäuft. Wie gut ging es ihm, ehe er sich auf dieses gewagte Unternehmen einließ! Wie enttäuschend ist der kalte, verständnislose Therapeut, der ihm so viel geben könnte und ihm so wenig gibt! Mit dem naheliegenden Ratschlag, doch die Behandlung zu beenden, die mehr zu schaden als zu nützen scheine, kann er so wenig anfangen wie der Partner einer zerstrittenen Ehe, dem gutmeinende Freunde empfehlen, sich doch endlich zu trennen. Der Kampf wird um den Sieg geführt. Ihn zu beenden, käme einer Niederlage gleich. Vielleicht kann der enttäuschende, zugeknöpfte, aber auch übermächtige Therapeut doch noch dazu gewonnen werden, die Zuwendung zu spenden, die Lösung zu geben, die er geizig und unzugänglich vorenthält!

Wer jemals in eine solche maligne Regression verwickelt war, sei es in einer Therapie oder in einer der nahen Beziehungen des Alltags (zwischen Kindern und Eltern, zwischen Liebespartnern und Freunden), der weiß genau, wie sie den ganzen Bodensatz an Rachsucht und Verzweiflung hochspült. «Noch nie und mit niemandem bin ich so umgegangen! Jeden Fremden am Weg würde ich besser behandeln!» Wer sich solche Geständnisse macht, kennt auch die maligne Regression. Die Gefahr, daß sie eintritt, wird um so größer, je unklarer und unangemessener Ansprüche und Erwartungen sind, welche die Therapie erfüllen soll.

Das bedeutet auch, daß der Autor in seiner Erörterung der

bösartigen Regression leicht in die Rolle des Pfarrers gerät, der den anwesenden Kirchgängern eine Predigt über das Fernbleiben seiner schwarzen Schafe hält. Denn wer so bedächtig und selbstkritisch ist, daß er sich vor Beginn einer Therapie ausgiebig informiert und die Gefahren dieses Unternehmens skeptisch vorwegnimmt, wird allein schon deshalb kaum der malignen Regression zum Opfer fallen, über deren bedrohliche Merkmale er sich so gründlich erkundigt hat. Wer hingegen von einem zum Wundertäter stilisierten Therapeuten oder von einer werbewirksam beschriebenen Therapietechnik die Lösung aller Schwierigkeiten erhofft, wird sich hüten, Wasser in seinen Wein zu schütten, ehe es zu spät ist.

Aus diesen Überlegungen läßt sich auch ableiten, wie die Gefahr einer malignen Regression eingeschränkt werden kann. Sie hängt mit dem bewußten oder unbewußten Bedürfnis des Analytikers zusammen, eine mächtige Gestalt zu sein, ein begnadeter Führer und Helfer, der keine Grenzen und Schwächen kennt. Je menschlicher, realistischer, angreifbarer und humorvoller ein Therapeut mit seiner Rolle und den unweigerlich mit ihr verknüpften Enttäuschungen umgehen kann, desto weniger droht die maligne Regression. Sie hängt (ähnlich wie viele Clinch-Beziehungen) damit zusammen, daß nur die progressive, die starke, kontrollierte Seite der Person in einer Beziehung anwesend sein darf. Die schwache, regressive, kindliche Seite fehlt dann. Je mehr sie fehlt, desto stärker werden die Sehnsüchte, sie endlich auch einmal leben zu können.

In einer Streit-Ehe strengen sich beide Partner mächtig an, um endlich den jeweils anderen so zu verändern, daß sie sich entspannen und ausruhen können. In der malignen Regression strengen sich Therapeut und Patient oft ebenfalls ungeheuer an, ohne daß etwas Nützliches herauskommt. Weil sie sich in feste Vorstellungen verbissen haben, fällt es schwer, umzukehren oder aufzugeben, denn das hieße, die ganze Anstrengung als verfehlt zu erkennen. So kommt es, daß auch Analytiker und Analysanden manchmal eine jahrelange, für beide höchst belastende Arbeit nicht aufgeben, weil jeder für sich und gegen den anderen immer noch auf die entscheidende Veränderung, den großen Durchbruch hofft.

Ich glaube nicht an solche großen Durchbrüche. Wenn nicht der ganze Prozeß Schritt für Schritt immer wieder von spürbaren Erleichterungen begleitet ist, scheint es mir wenig wahrscheinlich, daß ein großer Durchbruch irgendwann für die lange Quälerei entschädigt.

Wie meist, wenn uns das Unbewußte mitspielt, sind wir nachher klüger und erkennen die leisen Warnsignale, die wir nicht beachtet haben. Seit vielen Jahren leidet eine fünfundvierzigjährige Frau an wiederkehrenden psychotischen Episoden. Wegen ihres «verrückten» Verhaltens war sie dann in verschiedene Nervenkliniken eingewiesen worden. Ihre beste Freundin schwärmt von einem Arzt mit dem Zusatztitel «Psychotherapie». Sie berichtet von tiefen, beglückenden Körpererfahrungen in bioenergetischen Übungen. So entschließt sich auch die erwähnte Frau, ihn aufzusuchen. Er macht ihr große Hoffnungen und scheint nicht weiter davon beeindruckt, daß sie immer wieder den Kontakt zur Wirklichkeit verloren hat und in den letzten Jahren unter einer Behandlung mit Psychopharmaka stabil geblieben war. Er fördert ihren Plan, die Medikamente abzusetzen, macht Körperübungen mit ihr und fordert sie auf, ihre unterdrückten Gefühle von Wut und Angst zuzulassen. Sie tut es gefügig, denn sie verehrt ihn sehr. Nach einigen Wochen, in denen sie sich ausgezeichnet fühlt und nur über wachsende innere Spannung klagt, fährt der Therapeut in Urlaub.

Als er zurückkam, erfuhr er, daß seine Patientin in eine psychiatrische Klinik eingeliefert worden war, unter anderem wegen ihrer Wahnvorstellung, die einst so geliebte Freundin wolle ihre Wohnung ausrauben. Als sie aus der Behandlung dort entlassen wurde, nahm sie stärkere Medikamente als bisher und wollte von einer Psychotherapie nichts mehr wissen.

Aus solchen Beispielen pflegen Nervenärzte nicht selten die Aussage abzuleiten, es sei unverantwortlich, eine Dauerbehandlung mit Psychopharmaka zu beenden. Ich stimme dem nicht zu; unverantwortlich scheint mir nur, solche Behandlungsversuche zu machen, wenn ein Urlaub kurz bevorsteht, und Hoffnungen auf eine rasche, vollständige Wiederherstellung zu wecken, wo über einige Jahrzehnte hin eine tiefgreifende Störung nachweisbar ist. Auch das heißt nicht, daß eine solche Wiederherstellung unmöglich ist. Aber der schlechteste Weg zu ihr scheint die gläubige Hoffnung, sie von einem wunderbaren Therapeuten wie ein Geschenk zu erhalten.

9
Die Ausbildung des Analytikers

Vor groben Fehlern schützen gründliche Kenntnisse des Therapeuten. Ein Psychoanalytiker sollte eine Ausbildung an einem der rund zwei Dutzend anerkannten Institute der Bundesrepublik abgeschlossen haben. Diese Ausbildung ist für Psychologen die einzige Möglichkeit, von den gesetzlichen Krankenkassen anerkannt zu werden. Ärzte können auch außerhalb dieser Institute die Zusatzbezeichnung «Psychotherapie» oder «Psychoanalyse» erwerben. Die dazu nötigen Ausbildungsschritte sind je nach Bundesland und Interesse des Arztes verschieden (für den «kleinen» Zusatztitel Psychotherapie ist häufig nicht einmal eine Eigenanalyse vorausgesetzt). Wer sich nicht genau auskennt, ist jedenfalls am besten beraten, wenn er sich an eines der Institute wendet und um eine Liste der Therapeuten bittet. Die meisten Institute haben eine Beratungsstelle, in der Therapieplätze bei angehenden Analytikern vermittelt werden. Solche Analysen sind durchaus zu empfehlen. In der Regel wird sich der Therapeut besondere Mühe geben, korrekt zu arbeiten. Es ist unrichtig, ihn für einen ungeschickten Anfänger zu halten. Fast immer haben die Ausbildungsteilnehmer analytischer Institute eine mehrjährige Berufserfahrung und ihr Handwerk gründlicher gelernt als viele

Therapeuten, die nach einigen Wochenendkursen ihr Patentverfahren auf dem Psycho-Markt feilbieten.

Die psychoanalytische Ausbildung ist im Lauf der Zeit immer stärker in eine bürokratische Form gegossen worden. Freud hat sich dafür ausgesprochen, die Analyse als eigenständige Wissenschaft und Technik zu lehren und zu lernen. Er wollte sie weder als medizinische noch als psychologische Spezialdisziplin auffassen. Warum sollten Historiker, Soziologen oder Pädagogen nicht ebenso gute Analytiker sein wie Mediziner oder Diplom-Psychologen? Die Zusammenarbeit vieler engagierter Analytiker aus unterschiedlichen Bereichen der Gesellschaft schien ihm dem Fortschritt und der Unabhängigkeit der Psychoanalyse mehr zu dienen als ihre Beschränkung auf einen einzigen Ausschnitt beruflicher Tätigkeit. Wenn Psychoanalyse nur von Ärzten, nur von Psychologen, nur von (eine Fiktion) Theologen ausgeübt würde, folgte daraus auch die Bindung an die jeweiligen Standesinteressen und verinnerlichten Denkschablonen.

Ich habe in die auf Seite 199 f. abgedruckte Liste der anerkannten Ausbildungsinstitute alle tiefenpsychologischen Schulen aufgenommen. Wesentliche Grundannahmen sind inzwischen für sie gemeinsam verbindlich: die Pflicht des Therapeuten zur Selbsterfahrung und zur Supervision seiner Tätigkeit, die Konzentration auf die *Bedeutung* menschlichen Verhaltens, auf die hilfreichen Möglichkeiten der Einsicht und der Selbstreflexion im Gegensatz zum Glauben an technische Manipulationen oder autoritative Suggestion. Durch kontrollierte Beobachtungen haben amerikanische Forscher nachgewiesen, daß sich angehende Therapeuten verschiedener Schulrichtungen in ihrem Verhalten viel deutlicher unterscheiden als erfahrene Praktiker. Das paßt zu meinen Beobachtungen an mir und an meinen Kollegen. Das Beharren auf einer alleinseligmachenden Theorie und Therapietechnik drückt Unsicherheit aus; es dient der Abwehr von Zweifeln an der eigenen Kompetenz. Ich würde mich dem skeptischen und selbstkritischen Therapeuten eher anvertrauen als dem, der seine Kollegen nach dem Märchen-Motto behandelt: «Alle Köpfe runter – nur meiner nicht!» Skepsis schließt Engagement nicht aus, zügelt aber blinden Ehrgeiz.

Die Liste der anerkannten Institute spiegelt einen Teil der Nachkriegsgeschichte. Bis 1933 gehörte es sich für einen strebsamen jungen Analytiker, ein Jahr am Berliner Institut zu arbeiten. Hier entstanden die bis heute international verbindlichen Regelungen der Selbsterfahrung einer Analyse («Lehranalyse»), der Überwachung durch einen erfahrenen Analytiker während der ersten eigenen Analysen (Kontrollanalyse oder Supervision), der technischen und kasuistischen Seminare.

Solche Entwicklungen sind für Institutionen recht typisch. Freud war in Wien eine kreative, überlegene Gestalt, die den dortigen Kreis beherrschte. Er hat auch bei anderen Kreativität und Interesse an der Analyse höher bewertet als eine systematische Ausbildung. Mit dem Wachsen öffentlicher Geltung der Psychoanalyse und der Möglichkeit, sie als Erwerbsquelle zu nutzen, wurde auch die Notwendigkeit deutlicher, sich von den «wilden Analytikern» zu unterscheiden. 1920 gab es in amerikanischen Zeitungen Anzeigen über Fernkurse in Psychoanalyse, die für ein paar Dollar die Möglichkeit anboten, in wenigen Wochen als Freudscher Analytiker Stundenhonorare von (umgerechnet) einigen hundert Mark zu verdienen. So wurde eine internationale psychoanalytische Vereinigung (die IPV) gegründet, deren nationale Mitglieder in ihren Heimatländern eine möglichst korrekte Praxis sicherstellen sollten.

Im Dritten Reich wurden die jüdischen Mitglieder der Deutschen Psychoanalytischen Gesellschaft (DPG) ausgeschlossen. Den meisten gelang die Emigration. Mehrere sind umgekommen, auch im KZ. Aber die «arischen» Mitglieder suchten die Arbeit fortzuführen, was nicht ohne Pakte mit der neuen deutschen Ideologie gelang.

Obwohl die Barbarei des Nationalsozialismus schon früh kaum zu übersehen war, begrüßte auch Carl Gustav Jung, Begründer der «analytischen Psychologie», eine «arische Seelenheilkunde». Therapeuten-Narzißmus setzte sich gegen Selbstkritik und politische Einsicht durch. Ob die arische Seele als dem jüdischen Intellekt verschlossenes Geheimnis dargestellt wurde (wie von C. G. Jung) oder Freuds Lehre flugs zur Neo-Psychoanalyse «weiterentwickelt» (wie von Harald Schultz-Hencke), die Deformation der Tiefenpsychologie durch die gesellschaftlichen Machtinteressen von 1933 an ist ein sehr lehrreiches Beispiel, wie rasch die leise Stimme der Vernunft zum Schweigen gebracht werden kann.*

Die Mitglieder dieser an das Dritte Reich angepaßten psychoanalytischen Gesellschaft schlossen sich in der Nachkriegszeit mit den Schulen von C. G. Jung und Alfred Adler zu einem Dachverband zusammen, der sich den Namen «Deutsche Gesellschaft für Psychotherapie und Tiefenpsychologie» gab (DGPT, später DGPPT, als noch zusätzlich die Psychosomatik in den Titel aufgenommen wurde). Später gründeten einige Mitglieder der «alten» DPG, die wieder an die psychoanalytische Internationale anknüpfen wollten, die Deutsche Psychoanalytische Vereinigung (DPV), die inzwischen als Zweig der Internationalen Psychoanalytischen Vereinigung (IPV) anerkannt ist.

Damit nicht genug: in einigen Städten entstanden sozusagen psychoanalytische Bürgerinitiativen, die während der siebziger Jahre das durch die hochbürokratisch verfaßten psychoanalytischen Institutionen nicht befriedigte Interesse sozial

---

* Dokumentiert ist diese Entwicklung in den von Karen Brecht et al. herausgegebenen Materialien zur Geschichte der Psychoanalyse in Deutschland, die unter dem Titel «Hier geht das Leben auf eine sehr merkwürdige Weise weiter...» 1985 im Verlag Michael Kellner, Hamburg, veröffentlicht wurden.

und/oder politisch engagierter Ärzte und Psychologen vertraten. Einige, wie die Gruppe um den Berliner Nervenarzt Günter Ammon, entwickelten sich höchst dramatisch. In einem nicht enden wollenden Gewitter der Ausschließung von Abweichlern enthüllte sich ein grandioser Anspruch, der nicht eingelöst werden konnte. Andere, wie die Münchner Arbeitsgemeinschaft für Psychoanalyse, der ich angehöre, arbeiteten mit bescheideneren Zielen weiter und erhielten schließlich die offizielle Anerkennung durch die Kassenärztliche Bundesvereinigung. Diese verwaltet auf dem Weg über die Einbindung in die soziale Krankenversicherung ein entscheidendes Machtinstrument. Sie entscheidet, wessen therapeutische Dienste von den Krankenkassen vergütet werden.

Diese Frage wird den heutigen Interessenten an einer Psychoanalyse beschäftigen. Früher stand diese Behandlung nur den bürgerlichen Schichten offen, die einen Arzt bezahlen konnten. Das Honorar wurde frei mit ihm ausgehandelt. Das ist heute selten geworden. Von den gesetzlichen Krankenkassen und vielen Privatkassen zugelassen sind nur Analytiker, die an einem der anerkannten Institute ausgebildet wurden. Auch dann ist noch nicht sicher, ob die Kasse tatsächlich bezahlt. Im formalen Umgang mit diesem «Kassenantrag», der für eine Kostenzusage gestellt werden muß, wirkt sich auch die unterschiedliche Stellung von Ärzten und Diplom-Psychologen aus. Der Arzt kann, wenn er eine Zusatzbezeichnung erworben hat, auch ohne Institutsausbildung einen Kassenantrag stellen. Der Diplom-Psychologe hingegen muß eine sogenannte «Vollausbildung» nachweisen, wenn er «delegationsfähig» sein will. Das heißt, daß er den Antrag nicht selbst stellen kann, sondern einen Arzt (meist einen Facharzt für Psychiatrie, in jedem Fall aber einen Arzt mit Zusatztitel) ersuchen muß, es für ihn zu tun.

Das Verhältnis zwischen dem Psychologen und dem Arzt, der den Patienten an ihn «delegiert», ist meist entspannt. Der Arzt unterschreibt das vom Psychologen formulierte Gutachten und reicht es ein, der Psychologe fühlt sich entlastet oder in seinem Selbstgefühl als ausgebildeter Therapeut gekränkt, je nachdem. Der ganze Zustand drückt das Mißtrauen der Bürokratie gegen die Psychotherapie aus. In keinem anderen Sektor der Medizin werden Gutachter von den Kassen beschäftigt und finanziert, die vorab entscheiden sollen, ob die Arbeit hochspezialisierter Ärzte und Psychologen «den Richtlinien entspricht». Freilich hat der betroffene Patient die Gewißheit, daß sich sein Therapeut alle 40 bis 80 Therapiestunden einer Art Betriebsprüfung unterziehen muß, die er als leere Formalität oder als sinnvolle Gelegenheit zur Reflexion auffassen kann.

Wer auf persönliche Empfehlungen zurückgreifen kann, hat viele Möglichkeiten, sich schon vor Beginn der Therapie zu unterrichten. Am glaubwürdigsten sind Freunde oder Bekannte, die über Licht- und Schattenseiten ihres Therapeuten reden können. Wer ihn nur idealisiert oder nur tadelt, steckt vielleicht gerade in einer Übertragung, die sein Urteil einengt. Ein Freundeskreis, der wohlwollend über die Therapie urteilt, unterstützt dieses Unternehmen: die «friends and supporters of psychotherapy» («Freunde und Unterstützer der Psychotherapie») haben sich in sozialpsychologischen Studien als wichtige Helfer erwiesen. Wo solche persönlichen Empfehlungen nicht möglich sind (und immer sollte man sich einen Teil Unabhängigkeit von ihnen bewahren), kann die Information über das Institut nützlich sein.

In den von der Deutschen Psychoanalytischen Vereinigung getragenen Instituten muß man eher damit rechnen, daß der Therapeut eine Analyse von mindestens vier Wochenstunden im Liegen auf der Couch empfiehlt, während ein C. G. Jung-Institut eher ein bis zwei Wochenstunden im Sitzen erwarten läßt. Solche Vorhersagen sind nur innerhalb weiter Grenzen gültig, die durch die Verschiedenartigkeit der Analytiker und ihre Bereitschaft bestimmt werden, sich auf Vorschläge ihrer

Analysanden einzulassen. In dieser gegenseitigen Abstimmung liegt bereits eine wichtige Quelle für Hinweise, wie man miteinander auskommen wird: Ist der Analytiker stur oder flexibel? Läßt er mit sich reden, oder will er in jedem Fall sein Konzept durchsetzen?

Es ist nicht selbstverständlich, daß beispielsweise alle ausgefallenen Stunden bezahlt werden müssen, daß es unmöglich ist, bei einer weiten Anreise nicht auch mit Doppelstunden zu arbeiten, daß man Gruppen- und Einzeltherapie nicht verbinden darf, daß eine Körpertherapie bei gleichzeitiger Psychoanalyse Widerstand und Neigung zum Agieren ausdrücken muß... Andererseits mag ein Analytiker, der geduldig und sachlich an seiner Auffassung festhält, vielleicht mehr Vertrauen erwecken als ein anderer, der sich entgegenkommend jedem Wunsch seines Analysanden öffnet. Mir scheint, daß der im Einzelfall förderliche Arbeitsstil nicht durch eine äußere Norm gefunden werden kann (also auch nicht durch meine Vorschläge, falls diese als autoritativ verstanden werden sollten). Es geht eher darum, daß zwischen zwei Menschen eine Grundlage entsteht, auf der sie eine für beide erträgliche Balance finden.

Die Fragen nach Gruppen- oder Einzelanalyse, Behandlungen mit vier oder mit zwei Wochenstunden, können nicht so sehr nach objektiven Kriterien (etwa nach Diagnosen über Rand- und Kernneurosen) entschieden werden, sondern nach einer möglichst gründlichen und umfassenden Abwägung der Interessen zweier Personen. Also nicht: «Eine wirkliche psychoanalytische Arbeit findet nur dann statt, wenn der Patient an mindestens vier Tagen mindestens 50 Minuten frei assoziierend auf der Couch liegt!» Sondern eher: «Ich habe die besten persönlichen Erfahrungen mit der klassischen Analyse gemacht, ich kann mir nicht vorstellen, daß eine Abwandlung in Ihrem Fall gut wäre, und daher möchte ich mit Ihnen viermal pro Woche arbeiten!»

Jeder Praktiker weiß, daß Analysen mit einer Wochenstunde im Sitzen gut gelingen und andere mit vier Wochenstunden im Liegen exemplarisch scheitern können – und umgekehrt. Es ist ein kümmerlicher Trost, sich an das Motto zu halten: «Operation gelungen, Patient tot!» Allgemeiner gesagt: Methoden sind Wege. Wege dürfen und sollen verlassen werden, wenn sie nicht zum gewünschten Ziel führen. Es geht nicht an, sich damit zu entschuldigen, daß dieser Weg sonst immer richtig sei und der Fehler somit beim Klienten liege. Andererseits sollte der Klient bereit sein, die Illusion aufzugeben, der Therapeut wisse in jedem Fall einen Weg für ihn und sei nur zu boshaft, ungeschickt oder unverantwortlich, ihm diesen mitzuteilen. Wenn Analysanden vorhaben, ihrem Analytiker einen Kunstfehlerprozeß zu machen*, dann liegt es oft an einem nicht eingelösten autoritativen Versprechen und an einer illusionären Erwartung. Die Psychoanalyse ist nicht der paradiesische Ort, an dem Menschen bedingungslose Liebe und Hilfe zuteil wird. Sie stellt ihre Bedingungen, sie enttäuscht diese Sehnsucht. Wer lieber die Ehrlichkeit zu sich selbst und zu anderen preisgibt als die Hoffnung auf dieses Paradies, ist mit ihr nicht gut beraten.

Analyse auf Probe

Freud vermutete, daß wir bei einem so komplexen Geschehen wie der psychoanalytischen Interaktion zweier Menschen oft nicht ohne einen praktischen Versuch auskommen. Daher die Probetherapie von etwa zwanzig Stunden, nach der eine für beide Teile verbindliche Entscheidung getroffen wird, sich in

---

* Zur Frage der Haftung in der Psychotherapie vgl. G. Wolfslast, Psychotherapie in den Grenzen des Rechts, Berlin (Springer) 1985.

den Hexenkessel der therapeutischen Beziehung zu begeben. Die Empfehlung für den Analysanden wäre die, sich nach einer solchen Probezeit wirklich auf eine Diskussion einzulassen, ob die Analyse fortgesetzt werden soll oder nicht. Kassenanträge laufen meist für 80 Sitzungen und werden nach einem erneuten Gutachterverfahren immer um 80 Sitzungen verlängert (bis zu maximal 240 Sitzungen). Danach müssen besondere Gründe vorgebracht werden. Weil der Analysand jedesmal den Antrag unterschreiben muß, kann er auch mitentscheiden.

Urlaub

In der Regel sagt der Analytiker frühzeitig, wann er Urlaub macht. Vom Patienten wird erwartet, sich danach zu richten. Wenn das nicht geht, fordern manche Analytiker, daß die Therapiestunden trotzdem bezahlt werden (bei Kassenbehandlungen kann der Analysand verpflichtet werden, für Stunden privat zu bezahlen, die durch seine Schuld ausgefallen sind). Ich persönlich halte das nicht für notwendig. In solchen Ausfallzeiten beschäftige ich mich gern mit anderen Dingen, für die ich mich nicht von meinen Patienten bezahlen lassen will. Wenn ich nachweisen könnte, daß ich in diesen Stunden hinter der Couch gesessen und über den abwesenden Patienten nachgedacht habe, fände ich eine solche Honorarregelung aber durchaus korrekt.

Wenn Klienten unentschuldigt eine Stunde versäumen oder so kurzfristig absagen, daß ich mir nichts anderes mehr vornehmen kann, müssen sie zahlen. Ich gebe mir dafür Mühe, mich nicht zu ärgern, keine Vorwürfe zu machen oder es den säumigen Analysanden auf andere Weise entgelten zu lassen. Solche Regelungen muten nutzerfeindlich an. Ich sehe in ihnen den Respekt vor menschlichen Grenzen. Es ist schwer, sich Willkür ausgeliefert zu sehen. Wenn der Analytiker keine Möglichkeiten hat, sich gegen eine Kürzung seines Einkommens durch einen Analysanden offen zu wehren, kann er möglicherweise nicht mehr entspannt arbeiten.

In Therapiegruppen zahlt man für den Platz, nicht für die Sitzung. Wer nicht kommt, ob entschuldigt oder nicht entschuldigt, muß in der Regel trotzdem zahlen.

Gruppen- oder Einzeltherapie?

In analytischen Gruppen tritt an die Stelle der freien Assoziationen die freie Interaktion. Die Teilnehmer sollen möglichst offen sagen, was die elementare zwischenmenschliche Situation des Kontakts «von Angesicht zu Angesicht» (face to face-group) in ihnen für Gefühle und Gedanken auslöst. Sie sitzen jede Woche ein- bis zweimal in einem Kreis von sechs bis zwölf Personen. Sie sprechen zum Teil über dieselben Inhalte wie der Patient in einer Einzelanalyse – Kindheitserinnerungen, aktuelle Ängste, gelegentlich auch Träume. Konflikte zwischen den Gruppenmitgliedern und die Auseinandersetzung mit dem Analytiker-Gruppenleiter kommen als Themen dazu. Die Situation ist dem Alltag näher. – Zusammensitzen, miteinander reden, das erleben wir täglich, während wir doch nur ausnahmsweise auf der Couch liegen und einem Zuhörer unsere Phantasien erzählen.

Über die Frage nach einer unterschiedlichen «Indikation» für Gruppen- und Einzeltherapie ist viel geschrieben worden, ohne daß sich eine verbindliche und klare Aussage herausschälen läßt. Ein Analytiker verläßt sich eher auf einen Austausch- und Interaktionsprozeß als auf die unangreifbare Feststellung des wissenschaftlichen Urteils. Da manche der von ihr verwendeten Wörter aus der Naturwissenschaft stammen, unterstellt man auch der Psychoanalyse, sie wisse genau so sicher über die Bestandteile des Ödipuskomplexes Bescheid wie der Chemiker über die Elemente in der von ihm analysierten Gesteinsprobe.

Es ist für uns alle nicht leicht, gegen den Strom zu schwimmen, auch wenn er uns auf den Wasserfall zutreibt und nur in diesem mühseligen Unternehmen eine Überlebenschance liegt. Die mögliche Freiheit von Bevormundung und falschen Sicherheiten, die das «offene», wenig festgelegte Modell der Psychoanalytiker erlaubt, ist nicht leicht als schätzbarer Wert zu erkennen, wo es soviel Bedürfnis nach Halt und Orientierung gibt. Aber wir sollten nicht übersehen, daß die schnellen und sicheren Lösungen meist destruktiv sind. Der Psychoanalytiker mag armselig wirken, wenn er sagt: «Versuchen wir es mit einer Probebehandlung in einer analytischen Gruppe; wie es ausgeht und ob es hilft, weiß ich nicht.» Aber sein Lösungsvorschlag scheint mir konstruktiver als dieser: «Sie leiden an einer monophasischen Depression; ich verschreibe Ihnen ein hochwirksames Spezialpräparat.»

Analytische Gruppen unterscheiden sich von vielen Angeboten des Psycho-Marktes auch dadurch, daß sie manchmal untätig schweigen und wenig fotogen sind. Ich habe einmal miterlebt, wie eine Reporterin über eine solche Gruppenerfahrung nicht nur schreiben, sondern auch Bilder liefern sollte. Ihr Bericht war anschaulich und fesselnd. Aber die Fotos der Gruppensitzungen sahen alle gleich aus. Sie wurden schließlich durch Bilder einer ganz anderen Gruppe ersetzt. Menschen, die zusammensitzen und miteinander sprechen, sind optisch nicht auffällig, obwohl in ihnen durchaus dramatische Prozesse ablaufen können. Der analytische Gruppenleiter führt die Mitglieder nicht übend oder suggestiv zu Erfahrungen, die er für günstig hält. Er verfolgt und erläutert die spontan entstehenden Prozesse in der Gruppe und zwischen ihren Mitgliedern. Viele Menschen haben Angst davor, mit anderen über ihre Gefühle zu sprechen. Die schrittweise Überwindung solcher Hemmungen führt bei fast allen Teilnehmern (unabhängig davon, ob sie ihre ursprünglichen Symptome verlieren oder nicht) zu einem Gewinn an sozialer Sicherheit. «Meine Zwangsgedanken sind neulich wieder aufgetaucht», sagte einmal ein Teilnehmer, der nach der Trennung von seiner langjährigen Freundin an quälenden Vorstellungen litt, er müsse anderen Männern an den Penis fassen. «Aber was mich sehr wundert: früher habe ich immer vor Angst fast gestottert, wenn ich den Volkshochschulkurs halten mußte. Aber seit einiger Zeit ist das weg, ich fühle mich viel sicherer, obwohl ich hier in der Gruppe nie darüber geredet habe.»

Die heute schier allgegenwärtigen «Beziehungsschwierigkeiten», deren Folgen Krankheitserscheinungen wie Depressionen, Angstzustände, psychosomatische Erkrankungen sein können, sind in einer analytischen Gruppentherapie gut aufgehoben. Wegen der schrittweisen, ohne Suggestion und autoritären Druck arbeitenden Vorgehensweise ist die Gefahr gering, daß in einer solchen Gruppe Gehirnwäsche betrieben oder seelische Wunden aufgerissen werden, die so tief sind, daß sie nicht rasch verheilen.

Adressen von Psychoanalytikern, die Gruppen leiten, sind bei den Ausbildungsinstituten zu erfahren. Es gibt auch einige Verbände, die entweder Anschriften von ausgebildeten Leitern vermitteln, oder auch selbst Gruppen (zum Beispiel an mehreren Wochenenden, über ein Jahr verteilt) organisieren, zu denen sich anmelden kann, wer in seinem Nahbereich keine Möglichkeit findet. Einige Adressen finden sich hinten auf Seite 202.

Wenn sie von einem Arzt mit Zusatztitel «Psychoanalyse» oder einem «delegationsfähigen» Diplom-Psychologen durchgeführt wird, kann die gesetzliche Krankenversicherung die Kosten für eine Gruppentherapie übernehmen. Das Gutachterverfahren ist ähnlich umständlich wie bei der Einzeltherapie, obwohl die Gruppenbehandlung insgesamt erheblich weniger kostet und deshalb auch leichter privat zu finanzieren ist (monatlich zwischen 100 und 200 Mark).

Körpertherapie und Psychoanalyse

Die Psychoanalyse ist eine «verbale Methode». Damit ist jedoch wenig gesagt, wie in ihr mit Sprache umgegangen wird. Es gibt sehr verschiedene Formen zu sprechen. Man kann über etwas reden; man kann sich in Worten ausdrücken. Die erste Form versachlicht und objektiviert. Die zweite läßt das Subjekt entstehen, formuliert dessen besondere Beschaffenheit unmittelbar. Im «darüber reden» wird es allenfalls mittelbar erfaßt. «Wir müssen über unsere Beziehung reden», ist vorsichtiger, paßt mehr zu unserem Zeitgeist, als die Gefühlsbeziehung auszudrücken. Psychoanalyse-Kritiker wie Fritz Perls identifizieren gelegentlich die ganze Analyse als «darüber reden» und werten sie als geistige Onanie (mind fucking) ab. Perls scheint hier die alte Weisheit zu vergessen, daß die Sprache verwendet werden kann, um die Gefühle eines Menschen auszudrücken – und ebenso dazu dienen mag, sie zu verbergen.

«Der Körper lügt nicht», behauptet der «Körpertherapeut» Alexander Lowen.* Tatsächlich wird auch der Analytiker viel auf den Körper achten – auf Spannung und Entspannung, Haltungen, Mimik, Stimmklang. Er wird fragen, was dem Klienten zu solchen Erscheinungen einfällt. Aber er wird keine körperlichen Übungen durchführen und den Analysanden nicht berühren oder massieren. So gibt er die Wirkungsmöglichkei-

---

* Alexander Lowen, Depression. Unsere Zeitkrankheit – Ursachen und Wege der Heilung, München (Kösel) 1978.

ten auf, die in der sinnlichen Demonstration etwa einer Muskelverspannung im Bereich der Kiefer, der Wirbelsäule oder der Gelenke liegen.

Nun ist es falsch (wenn auch im Verdrängungswettbewerb beliebt), «suggestiv» (oder «aktiv», «strukturierend», «wirkungsorientiert», «systemisch» und so weiter) und «analytisch» als Gegensätze zu behandeln und womöglich noch zu versuchen, das eine gut, hilfreich und richtig, das andere schlecht, nutzlos und falsch zu finden. Ein Auto ist etwas anderes als ein Fahrrad; mit den Kategorien gut oder schlecht kommen wir den wesentlichen Eigenschaften beider Fahrzeuge nicht näher. Allenfalls wird ein leidenschaftlicher Radfahrer Autos ernster nehmen als ein leidenschaftlicher Chauffeur Fahrräder, weil sie ihm gefährlicher werden können.* Freud hat darauf hingewiesen, daß die Übertragung, welche so notwendig für den Beginn des analytischen Prozesses ist, eng mit der Suggestibilität zusammenhängt, auf deren Wirksamkeit sich die Hypnotiseure von einst und die Gestalttherapeuten der Gegenwart verlassen.

In der Körpertherapie gibt es viele Schulen, vielleicht noch mehr als in der Psychoanalyse. Die Akzente liegen bald auf Spannung und durch sie blockierter «Energie», wie in den verschiedenen Formen der Vegetotherapie (Reich) und Bioenergetik (Lowen), bald auf Entspannung und Phantasieübungen, wie in der Eutonie. Bald soll der Körper durch Tiefenmassage verändert werden («Rolfing»), bald der behinderte Energiefluß durch Muskelzittern wieder in Gang kommen. Es gibt Körpertherapeuten, die ihre Klienten wie ein Trainer im Leistungssport durch eine Übung nach der anderen jagen. Andere lassen sich von den Empfindungen des Patienten leiten. Sie sprechen

---

* In dieser Metapher entspricht die Analyse dem Fahrrad: Im Fortkommen werden die eigenen Kräfte geübt; es ist jedoch langsamer als ein von Fremdenergie abhängiges Fahrzeug.

viel mit ihm und setzen Übungen gezielt ein. Die letzteren (zu denen Lowen und Perls gehören, die selbst psychoanalytische Erfahrungen aufgenommen haben) arbeiten in konkreten Situationen oft nur wenig anders als ein analytischer Therapeut. Nur die Erlebnisse, über die gesprochen wird, stammen nicht aus den spontanen Einfällen, sondern aus gezielten Übungen. Das hat manchmal den Vorteil, daß sonst schwer überwindliche Widerstände umgangen werden. Der Patient hat rascher Erfolgserlebnisse. Er verspürt früher Erleichterung als in einer Psychoanalyse.

Andererseits geht der Körpertherapie oft der Bezug auf die gesellschaftliche Wirklichkeit und die langfristigen Ursachen seelischer Störungen ab, den die Psychoanalyse erschließen kann. Die Sprache verbindet den einzelnen mit dem sozialen System. Die Beziehung zum eigenen Körper ist hingegen ein Monolog.

Nicht anders als in der Psychoanalyse droht auch in der Körpertherapie ständig die Gefahr, daß lebendiger Ausdruck durch tote Wiederholung ersetzt wird. Die Therapie versucht, die Neurose zu verstehen und aufzulösen; umgekehrt aber versucht die Neurose, die Therapie in ihr eigenes System einzubauen und unschädlich zu machen. Von Analytikern hört man dann Äußerungen: «Jetzt bin ich wieder so moralisch mit dem Patienten umgegangen, und das ist doch ganz schlecht!» Körpertherapeuten sprechen dann auf eigentümlich sachliche Weise von ihren Körperempfindungen: «Wenn ich dir zuhöre, spüre ich ein merkwürdiges Ziehen in der Schulter, und meine Bauchmuskeln werden hart!»

> Eine vierundzwanzigjährige Sportstudentin erkrankt vor einer Prüfung, in der sie sich vor einer Gruppe bewegen muß, an heftigen Hüftschmerzen, die sie fast lähmen. Der Facharzt für Orthopädie stellt eine Arthrose mit Bewegungseinschränkung fest. Die junge Frau will sich nicht damit abfinden und versucht eine konzentrative Bewegungstherapie. In dieser Behandlungsform wer-

den Bewegungen in ähnlicher Weise einer psychotherapeutischen Arbeit zugrunde gelegt wie in der Psychoanalyse Träume oder spontane Einfälle. In der Therapiegruppe fragt die Leiterin, ob sie eine Bewegung versuchen wolle. Sie stellt sich neben die Patientin. Diese nimmt eine geduckte Haltung ein, spürt heftige Angst und wirkt zugleich, als ob sie fliehen wolle. Als nächste Bewegung schwenkt sie die Arme und geht im Kreis. Der Eindruck des Geduckten verschwindet. Plötzlich geht sie zur Tür. «Wie alt sind Sie jetzt?» fragt die Leiterin. «Fünf Jahre, da lief ich von zu Hause fort und hatte ein rauschhaftes Gefühl, wenn ich zu den Geleisen in der Nähe ging und dort über die Schwellen sprang.»

In der Nachbesprechung stellt sich heraus, daß die Patientin oft vor ihrer Mutter, die sie sehr ängstigte, in die freie Natur hinaus floh. Der Lauf über die Bahnschwellen war eine Art beruhigendes Ritual, gewissermaßen eine selbstgeschaffene Mutter. Angesichts der Prüfung wurde dieser frühe Konflikt wieder belebt. Eine unbewußte Muskelspannung machte die organisch nur geringfügig veränderten Hüftgelenke dauernd schmerzhaft. (Nicht selten führen Orthopäden solche psychosomatischen Muskel- und Gelenkschmerzen auf angebliche Knochen- und Knorpelveränderungen oder Bandscheibenschäden zurück, obwohl entsprechende Röntgenbefunde auch bei vielen schmerzfreien Personen nachweisbar sind.) Vor den Prüfern konnte die Studentin nicht fliehen wie einst vor der Mutter. Gleichzeitig ist die Prüfung ein Übergangsritus, das Zeichen eines Wendepunkts, an dem ein Abschied von unerfüllten kindlichen Bedürfnissen notwendig ist, um sich der Realität des Erwachsenenlebens zu stellen.*

---

* Diese Fallgeschichte verdanke ich einem Vortrag von Hans Müller-Braunschweig über «Körperbezogene Psychotherapie und Psychoanalyse», den er am 13. Juni 1986 in der Münchner Arbeitsgemeinschaft für Psychoanalyse hielt.

Diese junge Frau hatte ihre Kindheitssituation schon einmal in einer verbalen Therapie besprochen. Aber die eindrucksvolle Neubelebung im Rahmen der konzentrativen Bewegungstherapie führte dazu, daß ihre Hüftschmerzen verschwanden und sie sich der Prüfung stellen konnte.

Müller-Braunschweig führt solche Erfahrungen an, um für eine Integration von körperbezogenen und verbalen Therapieformen gerade bei psychosomatischen Störungen zu sprechen. Hier gibt es nicht selten Kranke, die gutwillig zum Analytiker kommen, damit er mit ihnen Psychoanalyse macht. Sie zahlen pünktlich und berichten pflichtbewußt ihre freien Einfälle. Aber sonst verändert sich nichts. Die verbal zugänglichen Teile der Person sind gewissermaßen Fortsetzungen einer manipulativen, technischen Umgangsform mit der Welt «nach innen». Die unangepaßten Seiten der Patienten, die für ihre Symptome verantwortlich sind, scheinen vom Erleben und von den Wortvorstellungen abgeschnitten. In solchen Situationen kann eine körperbezogene Psychotherapie einen Zugangsweg eröffnen, der sonst verschlossen bleibt.

Körpertherapie ist bisher in der Bundesrepublik nicht in die Leistungspflicht der Krankenkassen eingeschlossen. Manche Ärzte mit dem Zusatztitel «Psychotherapie» wenden sie im Rahmen der sogenannten «tiefenpsychologisch fundierten» Psychotherapieformen an. Außerdem gibt es inzwischen Krankengymnastinnen, die solche Verfahren erlernt haben und sie in begrenztem Umfang auf Anordnung eines Arztes hin durchführen können.

Psychotherapie und Psychoanalyse

Dem aufmerksamen Leser wird nicht entgangen sein, daß ich Begriffe wie Psychotherapie, Psychoanalyse, Psychotherapeut, Psychoanalytiker, Arzt, Psychologe, Patient, Klient abwechselnd gebraucht habe. Freud sprach konsequent von «Arzt» und «Patient». Er hat andererseits aber das überlieferte medizinische Modell der Arzt-Patient-Beziehung gewiß radikaler in Frage gestellt als viele «behandelnde Psychologen» der Gegenwart. Diese sprechen oft von «Klienten», in der Meinung, sich dadurch vom medizinischen Modell der Behandlung (wo ein aktiver Arzt einem passiven Patienten das richtige Medikament verschreibt oder einen chirurgischen Eingriff durchführt) abzugrenzen. Wenn ich abwechselnd von Psychologe und Klient, von Psychoanalytiker und Patient, von Therapeuten und Kranken spreche, dann bedeutet das auch, daß verbindliche Sprachnormen in diesem Gebiet weder vorhanden noch notwendig sind. Die Patienten eines ärztlichen unterscheiden sich von den Klienten eines psychologischen Analytikers nur in nebensächlichen Fragen. Beispielsweise wird der Arzt aus Gründen der analytischen Abstinenz seinen Analysepatienten in der Regel keine Medikamente geben, während der Psychologe gar nicht in diese Versuchung kommen kann.

Früher hörte man in medizinischen Kreisen gelegentlich als Einwand gegen die «Laientherapie» durch Psychologen, man könne nicht ausschließen, daß «so einer» eine endogene Psychose oder einen Gehirntumor für ein psychologisches Problem und sich für zuständig halte. Inzwischen sind solche Argumente, hinter denen die Standesinteressen kaum verhüllt hervorscheinen, seltener geworden. Die diagnostische Einheit der endogenen Psychosen wird auch von vielen Ärzten in Frage gestellt. Im Übersehen einer organischen Symptomatik stehen psychotherapeutisch tätige Ärzte den Psychologen kaum nach, die freilich in diesem Punkt genauer überwacht werden: jeder Kassenpatient, den sie behandeln, wird medizinisch kontrolliert, da ihn ja ein Arzt an den Psychotherapeuten «delegieren» muß.

«Ich mache etwa fünfzehn Stunden Psychoanalyse und zehn Stunden Psychotherapie die Woche.» Solche Aussagen müssen den Laien verwirren. Ist Psychoanalyse nicht eine spezielle Form der Psychotherapie? Unser Gesprächspartner gibt sich in seiner Aussage als Psychoanalytiker zu erkennen. Für ihn ist Psychotherapie kein Oberbegriff, sondern eine Methode, die man bei jenen Patienten anwendet, die nicht für eine «große» Psychoanalyse geeignet sind. Inzwischen machen (gerade auch in den USA, der Hochburg psychoanalytischer Orthodoxie), die meisten Psychoanalytiker mehr Psychotherapie in diesem Sinne als «klassische» Psychoanalyse mit fünf oder mindestens vier Wochenstunden auf der Couch.

Die Psychotherapie ist flexibler, sie paßt sich den Bedürfnissen von Psychologe und Klient (oder Arzt und Patient, oder Analytiker und Analysand) besser an. Freud hat seine Analysen mit ihren fünf bis sechs Wochenstunden oft schon in einem halben Jahr abgeschlossen. Heute sind Analysen von acht bis zwölf Jahren Dauer keine Seltenheit mehr. Von einigen Monaten oder einem knappen Jahr wird nicht mehr viel erwartet. Dadurch steigt die zeitliche und finanzielle Last. Karl Menninger hat einmal allen Ernstes vorgeschlagen, man sollte nur Patienten in Psychoanalyse nehmen, die den Arzt von den Zinsen ihres Vermögens bezahlen können. Denn dann ist der Analytiker nicht in seiner Arbeit bedroht, wenn der Patient seinen Job verliert und ihn nicht mehr bezahlen kann.

Familientherapie

Ich behandelte einmal eine Frau, die an heftigen nächtlichen Ängsten litt. Sie führte diese darauf zurück, daß ein Einbrecher in das Haus eindringen könne, welches sie damals gemeinsam mit ihrem Ehemann bewohnte. Es gelang in der Analyse, diese Ängste zu mildern und ihre Verbindung zu Ängsten vor eigenen Wutgefühlen und vor einer Auseinandersetzung mit der extrem mißtrauischen und kontrollierenden Mutter meiner Patientin herauszuarbeiten. Man hätte denken sollen, daß von jetzt an in dem schönen Haus in einer Münchner Vorstadt harmonische Abende ohne das Gespenst der Einbrecher einkehren würden. Schließlich war die krankhaft ängstliche Ehefrau, die ihr Mann bisher stets vergeblich zu beschwichtigen versucht hatte, «geheilt».

Aber nichts dergleichen geschah. Die Einbrecherangst blieb. Jetzt war es der Mann, der neue Schlösser an allen Türen anbringen ließ und sich ein Kleinkalibergewehr kaufte.

Solche Verläufe sind kein Zufall. Genau beobachtet, erweisen sich die intimen zwischenmenschlichen Beziehungen als ein empfindliches System, in dem sich gemeinsame Abwehrformen herausbilden. Ein Partner tritt dem anderen eigene, unbewußte Probleme ab. Wenn ein Kind ängstlich und hilflos ist, fühlt sich die Mutter stark und sicher. Sie vergißt ihre eigene Angst und Hilflosigkeit. Erleichtert werden solche Übertragungen (häufig «Delegationen» genannt, um sie von der herkömmlichen Übertragung auf den Psychoanalytiker zu unterscheiden) durch die Eigenart des Unbewußten, in dem verschiedene Gefühle nebeneinander bestehen können, die im Wachbewußtsein unvereinbar sind. Im Es sind die Grenzen zwischen Ich und Du weit durchlässiger als in unserem bewußten Erleben. (Eine Frau, die sich in ihren Analytiker verliebt hat, träumt beispielsweise von einem widerlichen, schwabbeligen, stinkenden, von Fettwülsten bedeckten Mann, mit dem sie wie durch magische Gewalt gezwungen ist zu schlafen. Sie drückt darin ihren Wunsch, die Strafe für diesen Wunsch und die eigene Angst aus, wegen ihrer vermeintlichen körperlichen Mängel nicht begehrenswert zu sein.)

Besonders auffällig sind solche Zusammenhänge in der Eltern-Kind-Beziehung. Das Kind, den Trieben, der Phantasie und dem Unbewußten näher als der Erwachsene, wird zu einem Magneten für Erlebnisanteile, welche die Eltern nicht zulassen. Kleine Eisprinzessinnen und Fußballkanonen sollen geheime Träume von Müttern und Vätern verwirklichen. Doch während in diesen Fällen die Thematik relativ bewußtseinsnah ist, werden es Eltern und Kinder viel schwerer haben zu sehen, wie beispielsweise der Ehrgeiz des Vaters mit dem Schulversagen des Sohnes zusammenhängt. Warum entwickelt die kindliche Springreiterin, die bereits erste Preise gewonnen hat, in der Pubertät plötzlich eine Pferdeangst, die ihr erfolgsbesessener Vater vergeblich mit Prügeln zu heilen sucht?

Die Auffassung der Familie als «System», in dem alle Teile unbewußt aufeinander wirken, ist eine ebenso faszinierende wie gefährliche Theorie. Für das eingefleischte Verhalten der meisten Menschen, einfache Ursachen und eindeutige Schuldige zu suchen, bietet sie genug Anhaltspunkte. Daß Schuldzuweisungen mehr schaden als nützen, wird oft zu spät erkannt. Mütter und Väter, angeblich die Stärkeren, werden von ihren Kindern, angeblich den Schwächeren, auf die Anklagebank gesetzt. Die Kritik solcher Mißverständnisse und Vergröberungen kann solche Prozesse oft nicht aufhalten. Sie sind wahrscheinlich das zentrale Hindernis der Familientherapie. Die Angst, als Schuldiger gebrandmarkt zu werden, erzeugt nicht nur die Delegation der Regression und oft der Krankheit an einen Symptomträger, sondern wehrt auch Versuche ab, das System zu ändern.

In der Familientherapie gibt es neben den psychoanalytischen verhaltenstherapeutische, gestalttherapeutische, gesprächstherapeutische und «systemische» Ansätze. Obwohl gerade die systemische Auffassung der Psychoanalyse viel verdankt, sollte sie doch von ihr getrennt werden. Während in der Analyse ein potentiell unendlicher Erkenntnisprozeß zwischen zwei (oder in der Gruppentherapie mehreren) Subjekten im Mittelpunkt steht, wird in der systemischen Behandlung die Familie objektiviert und dann eine Reparatur versucht.

Ich finde diese Unterscheidung wesentlich, obwohl ich nicht grundsätzlich den subjektiven Erkenntnisprozeß für gut («emanzipatorisch»), die objektivierende und technische Umgangsform für schlecht («manipulierend») halte. Beide Ansätze sind potentiell wertvoll, aber es sollte jedesmal auch dem Patienten klar sein, worauf er sich einläßt und was er erwarten kann.

Wie findet jemand, der sich für eine Partner- oder Familientherapie interessiert, einen geeigneten Therapeuten? Die Antwort ist schwierig, weil hier nicht nur die verschiedenen Therapie«schulen» sehr unterschiedliche Ansätze entwickelt haben, sondern auch die Berufsgruppen nicht mehr so eindeutig organisiert sind wie die zu den Krankenkassen zugelassenen Psychotherapeuten. Das Wort «Therapie» hat in den letzten Jahrzehnten eine Inflation durchgemacht. «Familientherapeut» kann sich ein Psychoanalytiker nennen, der zusätzliche Kenntnisse in Familientherapie erarbeitet hat, oder ein Sozialpädagoge, der an einem Gruppenzentrum eine Weiterbildung absolvierte. Es gibt kirchliche und weltliche Ausbildungen zum Ehe- und Familienberater. Diese sind von sehr unterschiedlicher Qualität, stellen aber oft in ländlichen Gebieten oder Kleinstädten die einzige Möglichkeit dar, überhaupt Hilfe in einem Klärungsprozeß der eigenen Beziehungsprobleme zu erlangen. Ich finde den Hochmut des akademisch voll ausgerüsteten und weitergebildeten Arztes oder Psychologen gegenüber solchen «Hausfrauen-Beratern» unangebracht. Eine Mutter, die zwei Kinder aufzieht und dann in die Beraterausbildung einsteigt, hat viele praktische Kenntnisse, die dem jungen Arzt oder Psychologen abgehen, der an eine psychotherapeutische Karriere denkt. Ich habe viele solcher Beraterinnen und Berater in Supervision und Selbsterfahrung kennengelernt und sie mit den Voll-Therapeuten vergleichen können, die an einem analytischen Institut ausgebildet werden. Ich lernte kluge und sensible Menschen kennen, denen ich auch ohne Doktortitel und Diplom zutraue, daß sie gut mit Familien- und Partnerproblemen umgehen können.

In Großstädten wurden in den letzten Jahren vielfach sozialpsychiatrische Dienste eingerichtet, die ebenfalls häufig familientherapeutisch arbeiten. Während das herkömmliche medizinische Modell (gerade auch in der Psychiatrie) einen Kranken abgetrennt von seinem sozialen Zusammenhang zu erkennen und zu behandeln versucht (Diagnose und Therapie sind individuelle Kategorien), werden hier das soziale Netz und die Einflußnahme der Angehörigen berücksichtigt. Eine dritte Zugangsmöglichkeit zur Familientherapie sind Kinder- und Jugendlichen-Therapeuten, die sich für diese Arbeit interessieren. Sie sind in der Regel psychoanalytisch ausgebildet. Aber die Arbeit mit Kindern und Jugendlichen setzt einen viel deutlicheren Bezug zu den Eltern voraus, als es bei den Angehörigen eines Klienten in der Erwachsenentherapie der Fall ist. Leider ist die Kassenregelung relativ eng; sie erlaubt dem Kinder-Therapeuten weniger Elternarbeit, als er sich bei einem starken familientherapeutischen Engagement wünschen wird. Die Ausbildungsinstitute für Kinder- und Jugendlichen-Therapeuten (vgl. Liste auf Seite 203) können inzwischen an vielen Orten Auskunft darüber geben, wer unter den ausgebildeten Therapeuten psychoanalytisch orientierte Familientherapie anbietet.

Selbstanalyse und Selbsthilfegruppen

Psychoanalytiker haben im allgemeinen wenig Respekt vor Menschen, die von sich behaupten, sie hätten sich selbst analysiert. Das ist verständlich, wenn man bedenkt, wieviel Mühe, Zeit und Geld es sie gekostet hat, ihre Lehranalyse hinter sich zu bringen. Im vertraulichen Gespräch geben manche durchaus zu, ihre Ausbildungsanalyse hätte nicht viel gebracht. Einige machen sogar später ohne Leistungsdruck eine zweite Analyse. Aber die Front gegen selbstanalysierte Analytiker bleibt dicht geschlossen. Eigentlich wird nur eine einzige Ausnahme gemacht: Sigmund Freud. Er gewann seine wichtigsten Entdeckungen über die Traumsymbolik, die unbewußten, mit der kindlichen Sexualität verknüpften Triebwünsche und die Maßnahmen der Abwehr («Zensur») aus der Analyse seiner eigenen Träume. Lag er dabei entspannt auf einer Couch? Saß er mit gefurchter Stirn am Schreibtisch, ein Tanagra-Figürchen aus seiner Sammlung in der Hand, die Traumnotizen der vergangenen Nacht vor sich? Wir wissen es nicht, aber mein Bild ist das zweite.

Ist also die Selbstanalyse das Vorrecht des Genies? Ja und nein. Wer behauptet, er könne durch seine Selbstanalyse geradesogut wie Freud Psychoanalytiker werden, sollte wohl lieber etwas anderes erfinden als die Psychoanalyse ein zweites Mal. Die Gründer neuer Therapieschulen neigen freilich oft dazu, Ausbildungsprogramme zu entwerfen, die genauso anspruchsvoll (sagen sie nun) oder bevormundend (hätten sie früher gesagt) sind wie das psychoanalytische.

Freud hatte viel Sympathie für Menschen wie Georg Groddeck*, die in einer veränderten Zeit die Selbstanalyse hochhielten, aber auch dazu neigten, deren Ergebnisse immer wieder in

---

* Er schrieb sogar ein Vorwort zu dem Buch «Bericht einer Selbstanalyse» von Ernest Pickworth Farrow (Klett-Cotta, Stuttgart 1984).

Frage zu stellen. In einem fesselnden Briefwechsel mit Sandor Ferenczi hat Groddeck auf dessen Einwände reagiert, die Selbstanalyse münde in eine Wiederholung der Neurose, weil das korrigierende Element der Übertragung fehle. Neigen wir nicht alle dazu, fragte Groddeck dagegen, die Macht der Begriffe zu überschätzen und zu übersehen, daß Analytiker und Analysand ohnehin nie weiterkommen, als ihr Es sie läßt?*

Die Psychoanalyse hält an der mehrfachen Determination menschlicher Handlungen fest. Sie geht davon aus, daß immer mehrere unterschiedliche Motive zusammenwirken, wenn eine Person beispielsweise ein Phantasiebild entwirft, sich verliebt oder einen bestimmten Beruf wählt. Wenn wir diesen Grundsatz auf die Analyse selbst anwenden, werden wir feststellen, daß weder die Selbstanalyse noch die Lehranalyse allein ausreichen, um einen für diese Aufgabe geeigneten Therapeuten auszubilden. Beide sollen sich ergänzen. Wenn Kindheitserfahrungen hinzukommen, die das Interesse an anderen Menschen und die Fähigkeit zur Einfühlung geschärft haben, ist es noch besser. Die in einer Zweipersonensituation begonnene Analyse soll als Selbstanalyse fortgesetzt werden. Das Bild dafür ist die Introjektion (Verinnerlichung) des Analytikers. Er ist zu einem inneren Gesprächspartner geworden, der zuweilen persönlich die Phantasiebühne betritt. Öfter aber wirkt er dadurch, daß er frühere, verbietende, ungeduldige, uninteressierte Introjekte (verinnerlichte Bezugspersonen) entmachtet oder ihren Einfluß mildert.

Allerdings nützen sich solche Wirkungen im Lauf der Zeit ab. Freud hat vorgeschlagen, Psychoanalytiker sollten sich alle fünf Jahre erneut analysieren lassen. Diese Empfehlung war auf eine Zeit zugeschnitten, in der junge amerikanische Ärzte einen dreimonatigen Aufenthalt in Wien nützten, um ihre

---

* Georg Groddeck, Der Mensch und sein Es. Briefe, Aufsätze, Biografisches, Wiesbaden (Limes) 1970, S. 115.

Lehranalyse bei Freud zu machen. Seit diese Ärzte Ausbildungsinstitute gründeten und die Lehranalysen fünf Jahre und länger dauern, spricht niemand mehr von diesem Vorschlag. Freud hat einen wichtigen Sachverhalt genauer beachtet als die Lehranalytiker der Gegenwart. Er beschreibt, daß Psychoanalytiker sich dem analytischen Prozeß dadurch entziehen, daß sie ihn andere durchmachen lassen. Ich versuche dieser Gefahr zu entgehen, indem ich viele Jahre nach Abschluß meiner Ausbildung immer noch in einer Supervisions-Selbsthilfegruppe gemeinsam mit einigen Kollegen meine Arbeit überprüfe.

Diese Form von Gruppenselbstanalyse scheint mir der sinnvollste Weg, aus der endlichen eine unendliche Erfahrung zu machen und die Möglichkeiten der Selbstanalyse praktisch zu nutzen. So läßt sich auch ein Bezug zu anderen Selbsthilfegruppen herstellen. Er sollte in einem Buch über Psychoanalyse heute nicht mehr fehlen. Während viele Strömungen der gegenwärtigen Therapieszene das technische Modell der Expertenhilfe vervollkommnen und immer schneller, tiefer und angenehmer wirkende Methoden anbieten, entwickelt die Selbsthilfebewegung andere Vorstellungen und sucht Lösungen in einer ganz anderen Richtung.

Die Selbsthilfegruppen beachten das analytische Gesetz von der heilenden Wirkung der Übertragung in einer Form, die weit radikaler ist als das Vorgehen der Analytiker. Diese gehen davon aus, daß neurotische Störungen vor allem dadurch behandelt werden, daß der Betroffene in einer intensiven Gefühlsbeziehung Abwehrformen überprüft und verlorene Erlebnismöglichkeiten wiederentdeckt, die er im Kampf um sein emotionales Überleben während seiner Kindheit aufgegeben hat. Die Selbsthilfegruppe hingegen läßt sich als Versuch verstehen, die gesellschaftliche Verarmung an engen, vertrauten, offenen Gefühlsbeziehungen zwischen Erwachsenen aufzuheben, eine Verarmung, die überhaupt erst die Notwendigkeit berufsmäßiger Psychotherapie hervorgerufen hat. Dem seelisch leidenden Menschen fehlt demnach nicht ein Experte, der eine erlernte Technik anwendet, sondern ein Mitmensch, der sich für ihn interessiert und für den er sich seinerseits interessieren kann.

Selbsthilfegruppen gibt es zu zahlreichen Problemkreisen, auch solchen, mit denen berufsmäßige Psychotherapeuten Schwierigkeiten haben (wie Alkoholismus). Ich habe am Ende (auf Seite 204 f.) einige Adressen zusammengestellt.

Wer zu einer Selbsthilfegruppe geht, sollte versuchen, Wut oder Enttäuschung über die Gruppe und die anderen Mitglieder nie durch Rückzug zu löschen wie einen Brand, der dann in ihm weiterschwelt und ihn vergiftet. Erst nach mindestens einem Jahr möglichst offener Gespräche kann er sich ein Urteil darüber erlauben, ob ihm die Gruppe nützt oder nicht. Aber das heißt keineswegs, daß er nun «fertig» ist und aufhören kann. Vielleicht wird er noch viele Jahre weitermachen, öfter wieder zurückkehren oder, wenn er umzieht, in einer anderen Stadt eine neue Gruppe dieser Art gründen.

10
Eine Haßliebe zu Freud

Als ein Freund kürzlich vor einer Erbauseinandersetzung Rundbriefe an seine Geschwister verschickte, mußte ich an Freuds kleinen Aufsatz über die Verneinung denken. Der erste Satz lautete: «Das erste Gebot ist, daß wir uns nicht streiten!» «O weh», sagte ich zu mir, «wenn ihr schon mit diesem Vorsatz anfangt, ist dicke Luft.» Zwei Wochen später konsultierte die erste Schwester einen Rechtsanwalt.

Die Psychoanalyse schärft den Blick für solche Hintergründe. Aber das Beispiel zeigt auch, wie problematisch dieser Schritt ist, wenn er mit einem besserwisserischen Machtanspruch vorgetragen wird. Der Vorsatz «wir wollen nicht streiten» ist deshalb nicht sinnlos oder «falsch», weil er die untergründig schon vorhandene Streitlust verschweigt. Es hätte auch geschehen können, daß sich die Geschwister nicht gestritten hätten. Dann könnte ich mir vorstellen, daß ein von seinem Scharfblick überzeugter Interpret flugs die Tatsache verdrängt hätte, die nicht zu diesem Selbstbild paßt.

Der Sinn der psychoanalytischen Theorie liegt darin, Aufmerksamkeit für das zu wecken, was mit der psychoanalytischen Methode entdeckt werden kann. In dem Augenblick, wo die Theorie dazu herhalten soll, die Methode zu ersetzen, entsteht die Gefahr von Dogmatismus und/oder haltloser Spekulation. Wenn Kritiker wie jüngst Dieter E. Zimmer versuchen, diesen Dogmatismus dem «Tiefenschwindel»* der Psychoanalyse insgesamt zu unterstellen, läßt sich vermuten, daß sie nicht hellsichtiger sind als der Popanz, den sie bekämpfen. Ich will im folgenden zeigen, wie Zimmer in eben die Fehler verfällt, die er den Analytikern unterstellt: Dogmatismus, Manipulation von Tatsachen und Spekulation.

Zimmer tritt mit denselben Argumenten an wie Eysenck, Hemminger und Eschenröder. Er will beweisen, daß die Psychoanalyse keine Naturwissenschaft, sondern ein «Schwindel» ist. Seine Beziehung zu Freud ist hochambivalent. Er bewundert ihn, beschäftigt sich höchst intensiv mit ihm, setzt ihn sogar als Kronzeugen der Anklage gegen die Psychoanalyse-Mafia ein, die sich hinter der «süßlichen Sirenenstimme der Hermeneutik» versteckt. Sein Ton erinnert an die berühmte Rede des Antonius in Shakespeares «Julius Caesar». Dieser wiederholt nach allen Anwürfen hartnäckig: «doch Brutus ist ein ehrenhafter Mann». Ob Freud «ein Mensch voller Haßgefühle, Konkurrenzneid, Todeswünsche, Elternfeindschaft, Inzesttriebe und so fort gewesen ist», mag laut Zimmer «von mir aus auf sich beruhen» (S. 10). Es geht nur darum, ob seine Theorie stimmt.

Zimmer vernachlässigt die psychoanalytische Methode völlig und behauptet von sich, die «allgemeingültigen Weisen der Bewahrheitung oder Widerlegung» anzuwenden beziehungsweise entsprechende Anwendungen zu sammeln und zu berichten. Zum anderen konzentriert er sich auf jene Teile der Psychoanalyse, die «populären Denkfiguren» entsprechen, und ignoriert nach eigenem Bekenntnis «viele verschlungene Subtilitäten der Lehre», wozu die gesamte Methodik gehört. Die wenigen Äußerungen Zimmers zu den «freien Assoziationen» verraten, daß

* Dieter E. Zimmer, Tiefenschwindel. Die endlose und die beendbare Psychoanalyse. Reinbek (Rowohlt) 1986.

er keine Vorstellung von der psychoanalytischen Situation und dem Erkenntnisprozeß des Psychoanalytikers hat. So entlarvt Zimmer die inzwischen auch in der analytischen Theoriediskussion in den Hintergrund getretenen Modelle (wie die Libidotheorie in ihrer «hydraulischen» Fassung, die Todestrieblehre) als Irrtümer. Er vernachlässigt den Unterschied zwischen Modell und Theorie. Modelle sind nicht widerlegbar; Theorien, die sich auf die Übereinstimmung zwischen Modell und Wirklichkeit beziehen, können bestätigt oder entkräftet werden. Die weiterentwickelten, differenzierten Ergebnisse der analytischen Forschung werden entweder ignoriert oder als Einwand gegen die Psychoanalyse vereinnahmt. Wie sehr Zimmer in seiner Haßliebe mit Freud identifiziert ist, zeigt sein immer wiederholter Gestus des Zerstörers von Illusionen, sein Pathos der Selbstbescheidung. Er will keine tröstlichen Mythen anbieten, sondern begrenzte Wahrheiten, Zutrauen in die weitere Forschung, Selbstkritik. Der Psychoanalyse schreibt er die Rolle der Illusion, der «weltlichen Kirche», der kollektiven Träumerei zu, die den Ehrgeiz von Feuilleton-Lesern und Halbgebildeten befriedigt. «Die Zukunft einer Illusion», diesmal gegen Freud und seinen «Aberglauben».

Die Stichhaltigkeit von Zimmers Argumenten hängt eng damit zusammen, welchem Wissenschaftsbegriff der Leser zustimmt. Ist er geneigt, nur quantitative und experimentelle Methoden anzuerkennen, oder akzeptiert er auch qualitative, die aus der modernen Sozialforschung (Ethnologie, Geschichte, Psychologie) nicht wegzudenken sind? Ich teile Zimmers Auffassung, daß sich die Methode der Psychoanalyse nicht in Widerspruch zu Ergebnissen der Biologie und anderer Naturwissenschaften setzen darf.* Aber das setzt voraus, daß wirklich

---

* Vgl. die Einwände gegen Freuds Neo-Lamarckismus in: Wolfgang Schmidbauer, Vom Es zum Ich. Evolution und Psychoanalyse, München (dtv) 1977.

nur Vergleichbares verglichen wird. Daran hapert es bei den meisten Versuchen, mit der qualitativen Methode der Psychoanalyse gefundene Tatsachen mathematisch zu prüfen.

Wer solche Vergleiche anstellt, täte gut daran, nicht nur die qualitative, sondern auch die quantitative Methodik kritisch zu sehen. Zimmers gutsitzende Scheuklappen hindern ihn offensichtlich, auch nur einen einzigen Blick auf die recht üppige Literatur zu richten, in der die Ergebnisse der quantitativen Methoden in der Psychologie kritisiert und relativiert werden. Hier wird alles gläubig übernommen. Umgekehrt unterstellt er der Psychoanalyse eine trotzige Immunität gegen Kritik und gegen die Beschäftigung mit der äußeren Realität.

Als Beleg dafür zitiert er Freud: «Es läge nahe, die Lücken in der Erinnerung des Patienten durch Erkundigungen bei den älteren Familienmitgliedern mühelos aufzufüllen, allein ich kann nicht entschieden genug von solcher Technik abraten. Was die Angehörigen über Befragen und Aufforderungen erzählen, unterliegt allen kritischen Bedenken, die in Betracht kommen können. Man bedauert es regelmäßig, sich von diesen Auskünften abhängig gemacht zu haben, hat dabei das Vertrauen in die Analyse gestört und eine andere über sie gesetzt. Was überhaupt erinnert werden kann, kommt im weiteren Verlauf der Analyse zum Vorschein.»* Zimmer interpretiert diese Sätze so: «Die Psychoanalyse... interessiert sich für die objektive Vergangenheit ihrer Patienten überhaupt nicht, sondern nur für deren subjektives Bild dieser Vergangenheit; man hat noch von wenigen Psychoanalytikern gehört, die auch einmal andere Zeugen der Kindheit ihrer Patienten einvernommen und sich ein objektives Bild davon zu verschaffen versucht hätten» (S. 81).

Das ist eines der vielen möglichen Beispiele, wie weit

---

* Zimmer, a.a.O., S. 81 f. Das Zitat stammt aus der Krankengeschichte vom kleinen Hans, wo Freud sogar mit den Eltern zusammengearbeitet hat.

Zimmer aufgrund seiner Unkenntnis der Methode an einem Verständnis der Psychoanalyse vorbeigeht. Die Psychoanalyse interessiert sich *sehr* für ein möglichst objektives Bild der Lebensgeschichte ihrer Patienten. Was Freud gesagt hat, ist eine Aufforderung, die Quellen kritisch zu lesen, das heißt, den Aussagen von Angehörigen, die der Analytiker nur schlecht kennt und zu denen er nicht den differenzierten, an Beobachtungsmöglichkeiten reichen Zugang seiner Methode hat, nicht höher zu bewerten als die Ergebnisse der analytischen Situation selbst. Wenn der Analytiker Widerstände umgeht (und die Befragung von Zeugen über den Inhalt von Erinnerungslücken ist eine solche scheinbare «Abkürzung»), verliert er den Blick für die Kräfte, welche sein Beobachtungsfeld bestimmen. Zimmer mißversteht die analytische Methode durchweg als eine Art Folter, durch die der Patient gezwungen wird, Dinge zuzugeben, die der Analytiker ihm aufschwatzen will. Seine Formulierung von «Zeugen», die «einvernommen» werden, ist hier aufschlußreich. Durch solche Verzerrungen sucht Zimmer zu beweisen, daß die Psychoanalyse sich von der Geschichtsschreibung dadurch unterscheidet, daß sie die Vergangenheit gar nicht wirklich aufklären will, sondern nur den Patienten ein bestimmtes Bild dieser Vergangenheit einredet.*

«Ich nehme an, daß niemand sich gerne einen Blödmann nennen läßt, und schon gar nicht ohne einen für ihn einsehbaren Grund», sagt Zimmer über die Motive seiner Psychoanalyse-Kritik. Ich weiß nicht, wer ihn so genannt hat; die

---

* Wie sehr sich die Psychoanalyse auch für «objektive» Entwicklungsdaten interessiert, hätte Zimmer in der Säuglings- und Kleinkindforschung von Psychoanalytikern erfahren können (R. Spitz, M. Mahler, A. Freud, u. v. a.). Obwohl er in Leserbriefen an die «Zeit» auf sie hingewiesen wurde, fehlen diese Namen in seiner Literaturliste.

Leserbriefe aus der «Zeit», die er in seinem Buch abdruckt, enthalten diesen Vorwurf jedenfalls nicht. Ich kann mir nicht vorstellen, daß allein der «Blödmann» die Kraft auslöst, sich so intensiv mit einer Widerlegung der Psychoanalyse zu beschäftigen. Ein wirklicher Naturwissenschaftler läßt die qualitative Forschung in der Regel gelten. Er kann vielleicht mit ihrem Vorgehen nicht viel anfangen. Schriftsteller hingegen sind oft von der Psychoanalyse fasziniert (Nabokov, Joyce und Borges, die Zimmer übersetzt hat, waren es auf ihre Weise allesamt). Sie müssen sich aber auch vor ihr hüten. Die Psychologie verführt den Literaten, nicht mehr für die sinnliche Auffassung des Lesers zu schreiben, sondern Erklärungen zu liefern, Szenen nicht leibhaft zu machen, sondern abstrakt zusammenzufassen. «Ich habe selber viele Jahre mit einem Bein im ‹Feuilleton›, mit dem anderen auf Wissenschaftsterrain gestanden, tue es in gewisser Weise noch immer; jener Riß, der die ‹zwei Kulturen› trennt, geht auch mitten durch mich hindurch», sagt Zimmer (S. 16), der zu Beginn seiner journalistischen Laufbahn Gedichte veröffentlicht hat.

Gelegentlich versucht Zimmer sich selbst in qualitativer Sozialforschung. Er stellt Prognosen auf, wer die Psychoanalyse noch ernst nehmen wird, «wenn sie in der Klinik längst zu einer belächelten fernen Legende geworden ist»: die Literaten, Leute, die stolz darauf sind, daß sie keine Glühbirne einschrauben können, denen es nicht um richtige Antworten, sondern um geistreiche Bemerkungen geht, denen Originalität wichtiger ist als Wahrheit (S. 17) Solche Äußerungen, die zu dem Plädoyer Zimmers für harte Fakten und empirische Verifizierung wenig passen, gipfeln in der These eines «psychoanalytischen Denkstils», der vollends nicht mehr von einem sozialen Vorurteil unterschieden werden kann. Es handelt sich laut Zimmer um einen «höchst ungesunden» Denkstil, der viel dazu beigetragen hat, die Unterschiede zwischen «psychischer Normalität und psychischer Krankheit zu verwischen»*, der den Verdacht ausgestreut hat, «alles menschliche Verhalten sei in irgendeiner Weise neurotisch» (S. 368) und der schließlich – das Unverzeihlichste von allem? – «die Maßstäbe verwirrt und das Gefühl dafür beeinträchtigt [hat], daß es solche Maßstäbe überhaupt geben kann» (S. 368) Welche Rolle spielt Zimmer da – die der heiligen Inquisition oder die Galileis? Was meint er mit Maßstäben? «Der psychoanalytische Denkstil hat die Vorstellung begründet, daß man der Seele im Freistilverfahren nahezu alles nachsagen darf» (S. 369). Vom Denkstil zum Freistil – aber wie kommt ein auf die Erfahrungswissenschaft pochender Autor dazu, sich zum Anwalt einer Seele zu machen, die von bösen Psychoanalytikern verleumdet wird?

Zimmer geht mit der Freudschen Theorie um wie der Henker mit einem verurteilten Verbrecher, den er gesundpflegt, damit er ihn hinrichten kann. Er «verteidigt» Freud gegen Philosophen wie Jürgen Habermas**, die eine andere Gültigkeitsannahme der psychoanalytischen Aussagen vertreten, als es dem «szientistischen Selbstmißverständnis» der Psychoanalyse entspricht – ihrem Versuch, sich mit dem Prestige der exakten Naturwissenschaft zu schmücken. Zimmer macht die Psychoanalyse mächtig, anmaßend, zu einem (Aber-)Glauben des Jahrhunderts. Das geschieht in einer Zeit, in der die Über-

---

* Zimmer, a.a.O., S. 368. Diese «Verwischung» ist eine wichtige Voraussetzung, psychische Krankheit zu verstehen. Die gesellschaftliche Verantwortung wird deutlicher, wenn man von einem fließenden Übergang zwischen «Normalität» und «Pathologie» ausgeht. Zimmer geht mit diesem Unterschied um, als sei er in einen Machtkampf verwickelt. Wie in einer zerstrittenen Ehe darf nur einer recht haben, nur einer «gesund» sein; der andere ist dumm, krank, ohnmächtig.
** Jürgen Habermas, Erkenntnis und Interesse, Frankfurt (Suhrkamp) 1973.

macht des technischen Machbarkeitsglaubens nicht weniger bedrohliche Fanale setzt als vor fünfzig Jahren der Faschismus. Beide haben die Psychoanalyse verfolgt oder verachtet. Daß die Analytiker besonders mächtig und einflußreich sind, wird niemand finden, der die Szene ein wenig kennt. Bis heute – das hat sich seit Mitscherlichs bitteren Bemerkungen nicht geändert – wird in den großen Krankenhäusern und in den Verwaltungszentren medizinischer Macht (wie den Ärztekammern und Kassenärztlichen Vereinigungen) keine Entscheidung getroffen, die von Psychoanalytikern bestimmt wäre. Selbst den «Facharzt für Psychotherapie», von dem Zimmer spricht (S. 26), gibt es nicht; Psychotherapie und Psychoanalyse sind, ähnlich wie Naturheilkunde oder Sportmedizin, in unserem Ärztesystem «Zusatzbezeichnungen». Kein Chirurg, der eine Operation für einige zehntausend Mark durchführt, muß vorher einen Gutachter fragen, ob diese auch nötig ist – der Psychoanalytiker hat es zu tun. Die Psychoanalyse ist keine ideologische Weltmacht. Vielleicht kann gerade die Tatsache, daß sie für solche Ansprüche völlig ungeeignet ist, Sympathie für dieses Amalgam aus Kunst und Wissenschaft wecken. In einer Welt, die Kindern von Generation zu Generation mehr angst macht, ist jede Strömung wichtig, die den spezialisierten und verhärteten Erwachsenen zurückträgt an die Ufer der Kindheit und ihn eine vergessene Sehnsucht nach Ganzheit wieder spüren läßt.

Adressen

Liste der anerkannten psychotherapeutischen
Ausbildungsinstitute in der Bundesrepublik Deutschland
und West-Berlin

Freie und Hansestadt Hamburg – Gesundheitsbehörde –, Institut für
Psychoanalyse und Psychotherapie, Michael-Balint-Institut
Averhoffstr. 7, 2000 Hamburg 76, Tel. 040/29188-3834

Bremer Arbeitsgruppe für Psychoanalyse und Psychotherapie e. V.
Am Dobben 21, 2800 Bremen 1, Tel. 0421/324729

Lehrinstitut für Psychotherapie und Psychoanalyse e. V. Hannover
Jöhrenstr. 5, 3000 Hannover 71, Tel. 0511/517140

Institut für Psychoanalyse und Psychotherapie e. V. Göttingen
Hanssenstr. 13, 3400 Göttingen, Tel. 0551/42696

Institut für analytische Psychotherapie im Rheinland e. V.
Hohenstaufenring 58/V, 5000 Köln 1

Psychoanalytisches Lehr- und Forschungsinstitut
«Stuttgarter Gruppe» e. V.
– Fachbereich I an der Stuttgarter Akademie
für Tiefenpsychologie und analytische Psychotherapie e. V.
Hohenzollernstr. 26, 7000 Stuttgart 1, Tel. 0711/6485221

C. G. Jung-Institut Stuttgart e. V., Institut für analytische
Psychologie und Psychotherapie
Alexanderstr. 92, 7000 Stuttgart 1, Tel. 0711/242829

Akademie für Psychoanalyse und Psychotherapie e. V.
Pettenkoferstr. 22, 8000 München 2, Tel. 089/5 38 05 16

Institut für Psychotherapie e. V. Berlin
Koserstr. 8–12, 1000 Berlin 33, Tel. 030/8 31 43 63

Sigmund-Freud-Institut, Ausbildungs- und Forschungsinstitut
für Psychoanalyse
Myliusstr. 20, 6000 Frankfurt, Tel. 069/72 92 45

Institut für Psychoanalyse und Psychotherapie Gießen e. V.
Ludwigstr. 73, 6300 Gießen, Tel. 06 41/7 45 27

Institut für Psychotherapie und Psychoanalyse
Heidelberg–Mannheim
Brahmsstr. 10, 6900 Heidelberg, Tel. 0 62 21/80 36 98

Psychoanalytische Arbeitsgemeinschaft Stuttgart-Tübingen,
Institut der DPV
Neckargasse 7, 7400 Tübingen 1, Tel. 0 70 71/29 67 19

Institut für Psychoanalyse und Psychotherapie Freiburg e. V.
der DPG e. V. und der DGPPT e. V.
Kaiser-Joseph-Str. 239, 7800 Freiburg, Tel. 07 61/3 69 33

Berliner Psychoanalytisches Institut, Karl-Abraham-Institut e. V.,
Institut der DPV (Zweig der Internationalen Psychoanalytischen
Vereinigung e. V.)
Sulzaer Str. 3, 1000 Berlin 33, Tel. 0 30/8 26 45 40

Psychoanalytische Arbeitsgemeinschaft Ulm
über die Universität Ulm
Am Hochsträss 8, 7900 Ulm, Tel. 07 31/1 76-29 70 und 29 71

Psychoanalytisches Seminar Freiburg e. V., Institut in der DPV
(Zweig der IPV) e. V.
Schwaighofstr. 6, 7800 Freiburg, Tel. 07 61/7 72 21

Psychoanalytische Arbeitsgemeinschaft Köln-Düsseldorf e. V.
(nach den Ausbildungsrichtlinien der DPV)
Dagobertstr. 35/37, 5000 Köln 1, Tel. 0221/135901

Weiterbildungsseminar für Psychotherapie,
Psychosomatische Medizin
und Psychoanalyse, Freie Universität Berlin,
Universitätsklinikum Charlottenburg (FB 3)
Spandauer Damm 130, 1000 Berlin 19, Tel. 030/3035

Psychoanalytische Arbeitsgemeinschaft München e. V.,
Institut der DPV
Pienzenauerstr. 91, 8000 München 81, Tel. 089/986032

Alfred-Adler-Institut für Individualpsychologie e. V. München,
Weiterbildungsinstitut der DGIP e. V.
Dall'Armistr. 24, 8000 München 19, Tel. 089/176091

Alfred-Adler-Institut e. V., Weiterbildungsinstitut der DGIP e. V.
Schützenstr. 52, 4000 Düsseldorf, Tel. 0211/357773

Münchner Arbeitsgemeinschaft für Psychoanalyse M. A. P.
Bauerstr. 15, 8000 München 40, Tel. 089/2715966

C. G. Jung-Institut Berlin e. V., Weiterbildungsstätte
für Psychoanalyse, Fachrichtung Analytische Psychologie
Schützallee 118, 1000 Berlin 37, Tel. 030/8312096

Institut für Psychoanalyse, Psychotherapie und
Psychosomatik Berlin e. V.
Helgoländer Ufer 5, 1000 Berlin 21, Tel. 030/3934858

Institut für Psychoanalyse und Psychotherapie Düsseldorf e. V.,
Klinik für Psychotherapie und Psychosomatik
der Universität Düsseldorf
Bergische Landstr. 2, 4000 Düsseldorf 12, Tel. 0211/2801-556/557

Kasseler Psychoanalytisches Institut der Deutschen Gesellschaft für
Psychotherapie, Psychosomatik und Tiefenpsychologie, Ludwig-
Noll-Krankenhaus e. V.
Dennhäuser Str. 156, 3500 Kassel-Niederzwehren, Tel. 05 61/4 80 40

Institut für Psychoanalyse und Psychotherapie der «Arbeitsgruppe
Stuttgart der Deutschen Psychoanalytischen Gesellschaft e. V.»
Hohenzollernstr. 26, 7000 Stuttgart 1

Alfred-Adler-Institut Aachen e. V., Weiterbildungsinstitut
der Deutschen Gesellschaft für Individualpsychologie e. V. (DGIP)
Ottostr. 88–90, 5100 Aachen, Tel. 02 41/51 19 26

Alfred-Adler-Institut-Nord e. V., Weiterbildungsinstitut der DGIP
Bismarckstr. 26, 2870 Delmenhorst, Tel. 04221/1 72 37

Wo man Adressen von psychoanalytisch geleiteten Therapiegruppen erfahren kann

Deutscher Arbeitskreis für Gruppenpsychotherapie und
Gruppendynamik (DAGG),
Georg-Thöne-Straße 18, 3600 Kassel; Schriftführer Dr. H. G. Poppe
(Tel. 05 61/28 23 67); 1. Vorsitzender Dr. med. Werner Greve,
Schloßparkklinik
Heubnerweg, 1000 Berlin 19, Tel. 030/8 02 80 31

Gruppenmethoden in Klinik und Praxis: Dr. med. Andor Harrad,
II. Abt. für Psychotherapie, Klinik am Homberg, Am Kurpark,
3590 Bad Wildungen, Tel. 0 56 21/79 31

Analytische Gruppenpsychotherapie: Prof. Wulf-Volker Lindner,
Isestraße 117, 2000 Hamburg 13, Tel. 040/47 47 94

Gesellschaft für analytische Gruppendynamik (GAG e.V.),
Rankestraße 4, 8000 München 40, Tel. 089/30 53 05

Liste der anerkannten psychotherapeutischen
Ausbildungsinstitute für Kinder- und Jugendlichen-
Therapeuten in der Bundesrepublik Deutschland und
West-Berlin

Freie und Hansestadt Hamburg – Gesundheitsbehörde –, Institut für
Psychoanalyse und Psychotherapie, Michael-Balint-Institut
Averhoffstr. 7, 2000 Hamburg 76, Tel. 040/29188-3834

Bremer Arbeitsgruppe für Psychoanalyse und Psychotherapie e. V.
Am Dobben 21, 2800 Bremen 1, Tel. 0421/324729

Lehrinstitut für Psychotherapie und Psychoanalyse e. V. Hannover
Jöhrensstr. 5, 3000 Hannover 71, Tel. 0511/517140

Institut für Psychoanalyse und Psychotherapie e. V. Göttingen
Hanssenstr. 13, 3400 Göttingen, Tel. 0551/42696

Institut für analytische Psychotherapie im Rheinland e. V.
Hohenstaufenring 58/V, 5000 Köln 1

Psychoanalytisches Lehr- und Forschungsinstitut
«Stuttgarter Gruppe» e. V.
– Fachbereich I an der Stuttgarter Akademie für Tiefenpsychologie
und analytische Psychotherapie e. V.
Hohenzollernstr. 26, 7000 Stuttgart 1, Tel. 0711/648 5221

C. G. Jung-Institut Stuttgart e. V., Institut für analytische
Psychologie und Psychotherapie
Alexanderstr. 92, 7000 Stuttgart 1, Tel. 0711/242829

Akademie für Psychoanalyse und Psychotherapie e. V.
Pettenkoferstr. 22 g, 8000 München 2, Tel. 089/538 0516

Institut für Psychotherapie e. V. Berlin
Koserstr. 8–12, 1000 Berlin 33, Tel. 030/8314363

Institut für analytische Kinder- und Jugendlichen-Psychotherapie in
Hessen e. V.
Feldbergstr. 22, 6000 Frankfurt 1, Tel. 069/72 1445

Institut für analytische Psychotherapie von Kindern und
Jugendlichen Heidelberg e. V.
Posseltstr. 2, 6900 Heidelberg 1, Tel. 06221/49198

Alfred-Adler-Institut für Individualpsychologie e. V. München,
Weiterbildungsinstitut der DGIP
Dall'Arminstr. 24, 8000 München 19, Tel. 089/176091

Institut für Psychoanalyse und Psychotherapie Freiburg e. V. der
DPG e. V. und der DGPPT e. V.
Kaiser-Joseph-Str. 239, 7800 Freiburg, Tel. 0761/36933

Stand: September 1985

Wo man Adressen* von Selbsthilfegruppen erhalten kann

Überregionale Kontaktstellen

Anonyme Alkoholiker – AA Kontaktstelle Deutschland,
Postfach 422, 8000 München 1, Tel. 089/366555

Anonyme Neurotiker – EA Kontaktstelle Deutschland,
Hohenheimer Str., 7000 Stuttgart 1

---

* aus Michael Lukas Moeller, Anders helfen. Selbsthilfegruppen und
  Fachleute arbeiten zusammen, Stuttgart (Klett-Cotta) 1981, S. 322.
  Ein neueres Buch, ebenfalls mit vielen Adressen und Informationen, ist Alf Trojan (Hrsg.), Wissen ist Macht. Eigenständig durch
  Selbsthilfe in Gruppen, Frankfurt (Fischer) 1986.

Bundesarbeitsgemeinschaft «Hilfe für Behinderte»,
Kirchfeldstr. 149, 4000 Düsseldorf, Tel. 02 11 / 34 00 85 / 86

Regional-Gruppen

2000 Hamburger Arbeitsgemeinschaft Selbsthilfegruppen,
Universitätskrankenhaus Eppendorf, Medizinische Soziologie,
Martinistr. 52, 2000 Hamburg 20, Tel. 040 / 468 28 78

3400 Göttingen, Karl-Ernst Brill, M. A., Lange Geismarer Str. 14

3550 Marburg, Bürgerinitiative Sozialpsychiatrie e. V., Renthof 20,
Tel. 0 64 21 / 6 45 56

4000 Düsseldorfer Arbeitsgemeinschaft Selbsthilfegruppen,
Prof. Dr. Jürgen Gagel, Fachhochschule Düsseldorf, Fachbereich
Sozialarbeit,
Universitätsstr. 2, 4000 Düsseldorf, Tel. 03 11 / 3 11 42 56

4300 Essener Arbeitsgemeinschaft Selbsthilfegruppen, Frau Margret
Böttner, Gesamthochschule Essen, Fachbereich 1, Unionstr. 2,
Gebäude R 12,
4300 Essen, Tel. 05 21 / 1 83 35 63

4630 OASE-Bochum, Werner Schulte, Buschaystr. 138,
4630 Bochum, Tel. 02 34 / 51 74

4800 Bielefelder Arbeitsgemeinschaft Selbsthilfegruppen,
Frau Mechthild Schierenberg-Seeger, Am Nebelswall 11,
4800 Bielefeld, Tel. 05 21 / 1 83 35 63

5600 Wuppertaler Arbeitsgemeinschaft Selbsthilfegruppen,
Prof. Dr. Hans Ruppelt, Beratungsstelle, Friedrich-Ebert-Str. 88,
5600 Wuppertal, Tel. 02 02 / 31 39 70

6300 Gießener Arbeitsgemeinschaft Selbsthilfegruppen,
Friedrichstraße 28, 6300 Gießen, Tel. 0641/7022478

6312 Laubach, Kontakt- und Beratungsstelle im Vogelsberggebiet,
Marktplatz 3, 6312 Laubach, Tel. 06405/7718

6400 Fulda, Prof. Dr. Gerd Gekeler, Fachhochschule für Sozialarbeit
Marquardstr. 35, 6400 Fulda, Tel. 0661/77081

6650 Homburg/Saar, Dr. med. Roman Dries, Institut für
Klinische Psychotherapie, Universitätskliniken, Postfach,
6650 Homburg/Saar, Tel. 06841/193166

6900 Heidelberg, Dr. Christian Schauwecker, Frau Brigitte Kripp,
Psychosomatische Universitätsklinik, Thibautstr. 2,
Heidelberg 1, Tel. 06221/532488

8000 Münchener Arbeitsgemeinschaft Selbsthilfegruppen,
Gesundheitspark im Olympiastadion
Spiridon-Louis-Ring, 8000 München 40, Tel. 089/302007

8970 Immenstadt/Allgäu, Gerhard Fries, Liebherrnstr. 9,
8970 Immenstadt

Register

Abraham, Karl 141
Abstinenz 80–84, 88
Abwehr *siehe* Widerstand
Adler, Alfred 113, 167
Affekte, eingeklemmte 107
allgemeines Leid 156ff
Ammon, Günter 167
anale Phase 110, *136f*
Analyse *siehe* Psychoanalyse
Analytiker
 – Analysand *siehe* Beziehung
 entziehen sich dem analytischen Prozeß 189
 Ausbildung des 164ff
 Fähigkeit des 44f, 62f, 80, 164ff
 Flexibilität des 170
 Gesundheit des 68
 kritisieren Freud 111f
 vergröbern die Psychoanalyse 111f
 wechseln 91f
analytische Gruppe 173ff
analytische Psychologie 167
analytische Situation 91
Angst und Beziehung 183
Angst und Setting 51f, 175
Anna O., Fallbeispiel S. Freuds 24f
Arbeitsbündnis 62, 83, 91
Arzt–Psychologe 168
Assoziation, freie 46ff

Asymmetrie in Analyse 67ff
Aufklärung 21
Authentizität, selektive 87

Becker, Vera 77, 155f
Behaviorismus 118
Bergin, A. E. 9
Bernheim, Hippolyte 36, 46f, 77
Bewältigungen von Krisen 106ff
Bewußtes und Unbewußtes 60
Beziehung Analytiker–Analysand 26f, 34, 38f, 55, 57, 67, 69, 73
 Gefahren für 87ff
 verändert sich 71
Beziehungssystem 183
Beziehung und Übertragung 65
Bioenergetik 177
Black box 118
bösartige Regression 56
Brecht, Karen 167
Brenner, Charles 90
Breuer, Joseph 24f
Brown, Roger 8

Charcot, Jean Martin 22
Chasseguet-Smirgel, Janine 111
Chodorow, Nancy Julia 11
Couch 49ff
Cremerius, Johannes 64, 82, 141

déformation professionnelle 68
Delegation 183

delegationsfähig 168, 175
Denkstil, psychoanalytischer 197
Deprivation 126
Descartes, René 21
Determination der Handlung 188
Deutsch, Helene 55, 85f
Deutung 31ff
  und Hypnose 38
  und Suggestion 77
Devereux, Georges 7
DGPPT 167
DGPT (Deutsche Gesellschaft für Psychotherapie und Tiefenpsychologie) 167
Diktaturen 20
Distanz 26f, 30
Dogmatismus 192
DPG (Deutsche Psychoanalytische Gesellschaft) 166
DPV (Deutsche Psychoanalytische Vereinigung) 167, 169
Drigalski, Dörte von 84
Dührssen, Annemarie 126

Einbildung 103ff
Einfälle, freie 46ff
Einsicht und Wissen 43f
Elastic Mind Movement 125, 127
Eltern-Kind-Beziehung 184
emanzipatorisch 185
Energie 177
Entwicklungspsychologie 54
erbliche Disposition 59, 127f
Erfolg einer Therapie 72
Ergänzungsreihe 118, 119
Erinnerung und Hypnose 36
Ernst, Cécile 130

Es 183, 188
Eschenröder, Christof T. 110, 192
Eutonie 177
Eysenck, Hans Jürgen 9, 19, 117, 192

face to face-group 173
Familientherapie 183ff
Ferenczi, Sandor 82, 188
Fischer, Gottfried 124f, 131
Fixierung 106ff
freie Einfälle *siehe* Einfälle, freie
Freud, Sigmund
  und die Entdeckung des Unbewußten 22ff
  als Forscher und Heiler 34
  und hypnotische Heilung 22ff, 37, 78
  suchte Kausalitäten 103
  und die kindliche Sexualität 135ff
  und Neurosen 103
  und das perverse Kind 109, 122, 144
  als Poet 111, 122
  und Selbstanalyse 187
  und Suggestion 37
  unterstellt sexuelle Bedeutung 109, 122, 135
  und die Wissenschaft 29
frühgestört 98

Gefühle in Analyse 67
Gefühle und Angst, darüber zu sprechen 175
Gefühle und Worte 67, 176f

Gegenübertragung 26, 59, 80–82, 85f, 91
  als Hilfsmittel 94–97
Gegenwille und Unbewußtes 24, 26
geistige Onanie 176
genetische Faktoren 59, 127f
Gesellschaft und Psychoanalyse 45
Green, Aaron 95
Greenacre, Phyllis 11, 89
Greenson, Ralph 62
Groddeck, Georg 187f
Gruppentherapie 173ff
«gutes Objekt» 54

Habermas, Jürgen 198
Haftung in Psychotherapie 171
Heilung: wodurch? 78
Heilung und Beziehung Arzt–Patient *siehe* Beziehung 26f, 34
Heilung und Indoktrination 78
Heilungsaussicht 43
Heimkinder 124ff
Hemminger, Hansjörg 11, 14, 77, 112–118, 124–127, 131, 156, 192
hermeneutische Psychoanalyse 28, 29, 192
Herrnstein, Richard J. 8
Homosexualität 137, 147
Hypnose und Analyse 77
Hypnose und Deutung 38
Hypnose und Hysterie 22f, 36
Hypnose und Zauberei 47
Hysterie 22f, 103

Ich 55
Ich-Spaltung 55
Idealbild 93
Identifizierung, projektive 97ff
Illich, Ivan 154
Indoktrination und Heilung 78
Interpunktionsproblem 142f
Introjektion 54, 98, 188
IPV (Internationale Psychoanalytische Vereinigung) 166, 167

Janov, Arthur 117
Jugendlichen-Therapie 186f
Jung, Carl Gustav 139, 167, 169

Kasse *siehe* Krankenkasse
Kastration 121
Katharina, Fallbeispiel S. Freuds 38ff
kathartische Behandlungsmethode 25, 46
Kausalitäten aller Neurosen 103
Kernberg, Otto 94, 98
Kind–Eltern, ambivalente Gefühle 146, 184
Kinder-Therapie 186f
Kindheit 198
Kindheitserlebnisse 60, 102, 120ff, 125
Kindheitstrauma *siehe* Kindheitserlebnisse 124ff
kindliche Sexualität 135ff
Klein, Melanie 54, 97f, 141
Kohut, Heinz 140f
Komplex 44, 106
Kontrollanalyse 83
Kontrolle der Gefühle 68

Konversion 29, 42
Körpertherapie und Psychoanalyse 176ff
Kot *siehe* anale Phase 143
Krankenkasse 168, 171f, 180
Krankheit, psychische und Normalität 197
Kritik der Psychoanalyse 18f, 32f, 106, 109f, 111f, 125, 127, 131, 176, *191ff*; *siehe auch* Hemminger, Zimmer
Kunstfehler 171

Lehranalyse 187
Leid, allgemeines 156ff
Lesche, Carl 27, 30
Libidoentwicklung 109, 136
Libidoorganisation 107
Libido, Symbole der 139
Libidotheorie 108
Liebe des Patienten 25, 56, 61, 64
Liebesverlust, -entzug 121
Liegen oder Sitzen? 49ff
Lockot, Regine 20
Lowen, Alexander 176ff
Luckner, Nikolaus von 130
Lüge *siehe* Wahrheit

Machiavellische Technik 27, 79
Macht der Psychoanalyse 19
Macht des Psychoanalytikers 34
Mahler, Margret 54
Malcolm, Janet 89, 94–96
maligne Regression 56, 158ff
manipulierend 185
Masochismus, seelischer 159
Massage *siehe* Körpertherapie

Masson, Jeffrey M. 104, 106
Matussek, Paul 119
Medawar, Sir Peter 18
Menninger, Karl 182
Methode, qualitativ–quantitativ 193f
Miller, Alice 103, 110
mind fucking 176
Mißbrauch der Psychoanalyse 20
Mittwochsgruppe 83
Modell und Theorie 193
Moeller, Michael Lukas 153
Müller-Braunschweig, Hans 179f
Mutterbrust und Säugling 142

Narzißmuslehre 140f
narzißtische Harmonie 138f
Naturwissenschaft und Psychoanalyse 18f, 27, 28
negative therapeutische Reaktion 158ff
Neo-Psychoanalyse 167
Neurose 22, 46, 60, 100, 101f, 103, 159, 178
und Selbstanalyse 188
traumatische 118ff
neurotisches Elend 156ff
Neutralität *siehe* Abstinenz
Normalität und Pathologie 197

Objekt, gutes 54, 98
Objektivität 8, 194
Objekt Mensch 28
Objektverlust 54ff, 120
Ödipuskomplex 110, 145ff
Ödipus und Projektion 98

Onanie, geistige 176
orale Phase 110, *136f*, 141
oral-kannibalische Phase 141 f
oral-rezeptive Phase 141

Pansexualismus 122
Pathologie und Normalität 197
Patient, Rolle des 34, 36
Penisneid 111
Perls, Fritz 176, 178
pervers 108, 144
Phantasie und Kindheitstrauma 103 ff
Phantasie (nur?) 106
Phase *siehe* orale, anale, sensible Phase 136 ff
polymorph-pervers 109
positive Übertragung *siehe* Übertragung
Prägungstheorie *siehe* Kindheit 130 f
Primärtherapie 117 f
Probezeit 171 f
Projektion 85
projektive Identifizierung 97 ff
Psychiatrie 186
Psychoanalyse
 als Bewußtseinspsychologie 112
 und ihr Denkstil 197
 durchrationalisiert 63
 gesellschaftliche Rolle der 46
 historisch 83, 166 f
 Inhalt der 102
 kassenärztliche Zulassung 168
 und Körpertherapie 176 ff
 Kritik der *siehe* Kritik der P.

 künstlerischer Charakter der 11, 45, 112
 Macht und Mißbrauch der 19 f, 198
 mißverstanden 102, 198
 und Naturwissenschaft 10, 18 f, 30, 43, 174, 198
 auf Probe 171 f
 und quasi-naturwissenschaftliche Begriffsbildung 29 f, 62, 140
 Selbst- 187 ff
 und Sexualität 135
 und Sprachnorm 181 ff
 und Statistiken 127
 Stellung der 198
 als Suggestionsbehandlung 77–79
 Theorie und Methode 191
 therapeutische Möglichkeit 59 f
 als Therapie und Forschung 34 f
 und Totalitarismus 20, 166
 als verbale Methode 176
 und Wahrheit 18 f
 weibliche Qualitäten der 11/12
 Ziel der 43, 52, 191
Psychoanalytiker *siehe* Analytiker
Psychologe–Arzt 168
Psychologie, analytische 167
psychosexuelle Entwicklung 135 ff
psychosomatisch 80
Psychotherapie und Naturwissenschaft 28
Psychotherapie und Psychoanalyse 181 ff
Pubertät 147

puristische Technik 27

qualitative Methode 193 f
quantitative Methode 193 f

rationale Technik 27
rationalisierte Analyse 63
Reaktion, negative therapeutische 158 ff
Realität und Regression 55
Reflextheorie 19 f
Regression 54 ff, 106 ff, 114
Regression, maligne 158
Reik, Theodor 94
Reizschutz 118 f

Säugling und Mutterbrust 142
Schultz-Hencke, Harald 167
seelischer Masochismus 159
sekundärer Krankheitsgewinn 29
Selbstanalyse 187 ff
Selbsthilfegruppen 153, 187 ff
Selbstkontrolle und Krankheit 68
selektive Authentizität 87
sensible Phase 131
Setting 50 ff, 56
Sexualität des Erwachsenen 137
Sexualität, genitale 108
Sexualität, kindliche 135 ff
sexuelle Bedeutung – um jeden Preis? 122, 135
sexueller Kontakt, Therapeut – Patient 89, 95 f
sexuelles Trauma 103
Simulation und Hysterie 24
Sozialisierung 143
sozialpsychiatrischer Dienst 186

SPIEGEL, DER 124
Sprache 176 f
Sprachnorm und Psychoanalyse 181 ff
Stone, Leo 90
Subjekt (subjektiver Erkenntnisprozeß) 185
Subjektivität 194
Suggestion und Analyse 77–79, 176 f
Suggestion und Hysterie 22 f, 37
Suggestion und Übertragung 77, 177 f
Symbole 139
Sympathie und Heilung 25
System, Beziehungs- 183
System Familie 184
systemische Therapie 185

Technik *siehe* Setting
Teilobjekte 98
Theorie und Modell 193
Therapeut, seine Methode – seine Person 155
Therapeut und Patient 25 f, 170
Therapie
 äußerer Rahmen 170 ff
 beenden 91 f, 156
 Erfolg der 72, 92
 Grenzen der 156 f
 Möglichkeit der 60, 157
 -organisation 170 ff
 und psychoanalytische Begriffe 29, 139
 -schäden 156, 158
 und Suche nach Glück 156
 systemischer Ansatz 185

Technik 72
Tiefenpsychologie 113
Tod durch seelischen Schaden 133
Todestrieb 193
Torok, Marie 111
Totalitarismus 20
Traum, Wiederholungsphänomene 119
Trauma 113; *siehe auch*: sexuelles Trauma, Kindheitserlebnisse, Freud suchte Kausalitäten
traumatische Neurose 118
Traumdeutung *siehe* Deutung
Tress, Wolfgang 128–130
Triebe 137
Triumph der Neurose 100

Über-Ich 159
Übertragung 27, 58 ff, 61 f, 65, 85 f, 97
   als Delegation 184
   und Heilung 78
   und Suggestion 77
   als Widerstand 65
Übertragungsneurose 73
Unbewußtes 17 ff, 60, 98, 183
   und Aufklärung 21
   und Beziehung Analytiker–Analysand 27
   Zugang zum 47, 135
Unterbewußtes *siehe* Unbewußtes
Urlaub 172 f

Vegetotherapie 177
verbale Methode 176
Verdrängung aufheben 60
Verdrängung und Hysterie 24, 40 f
Verhaltenspsychologie 119
Verletzung *siehe* Kastration
Verliebtheit *siehe* Liebe, Übertragung
Vernunft 21
«verrückt» 30
Vertrauen (Patient–Therapeut) 26

Wahrheit und Psychoanalyse 18 f, 176, 194
Watzlawick, Paul 142
Widerstand des Patienten 27, 36, 40, 48, 52, 58 ff
Wiederholungsphänomene 119
Wiener Kreis 82–83
Wilson, G. D. 117
Wissen und Einsicht 8, 43 f
Wissenschaft und Objektivität 8
Wissenschaft *siehe* Naturwissenschaft
Wolfslast, G. 171

Zimmer, Dieter E. 14, 18, 20, *191 ff*
Zensur 187
Zufall 32
Zwiebel, R. 98

Umschlaggestaltung von Werner Rebhuhn unter Verwendung eines Ausschnitts aus dem Triptychon «El Jardín de las Delicias» von Hieronymus Bosch, Madrid, Pradomuseum

Die Illustration auf dem Umschlag ist ein Ausschnitt aus einem dem Hieronymus Bosch (um 1440–1516)* zugeschriebenen Triptychon. Dessen Deutung und Titel sind umstritten: Es wird entweder als eine Art Bußpredigt gegen fleischliche Lust aufgefaßt oder aber als Schilderung des «irdischen Paradieses», eines Garten Eden vor dem Sündenfall, dessen Wiederherstellung die Sekte der Adamiten anstrebte. Im Mittelalter wurden Waldenser, Taboriten, Wiedertäufer und andere Ketzer als Adamiten angeprangert, weil sie angeblich ihre «paradiesische Unschuld» durch kultische Nacktheit zum Ausdruck brachten.

* Lit.: Ch. de Tolnay: Hieronymus Bosch, Baden-Baden (Holle) 1965. W. Fränger: Das tausendjährige Reich, Coburg (Winkler) 1947.

Wolfgang Schmidbauer

Tapirkind und Sonnensohn
Eine ökologische Erzählung
rororo 5590

Eine Kindheit in Niederbayern
224 Seiten. Gebunden

Weniger ist manchmal mehr
Zur Psychologie des Konsumverzichts
rororo sachbuch 7874

Alles oder nichts
Über die Destruktivität von Idealen
416 Seiten. Broschiert und als
rororo sachbuch 8393

Ist Macht heilbar?
Therapie und Politik
rororo sachbuch 8329

Jugendlexikon Psychologie
Einfache Antworten auf schwierige Fragen
rororo handbuch 6198

Rowohlt

Wolfgang Schmidbauer

Die subjektive Krankheit
Kritik der Psychosomatik
304 Seiten. Broschiert

Die Angst vor Nähe
208 Seiten. Broschiert

Helfen als Beruf
Die Ware Nächstenliebe
256 Seiten. Broschiert

Die hilflosen Helfer
Über die seelische Problematik der
helfenden Berufe
256 Seiten. Broschiert

Die Ohnmacht des Helden
Unser alltäglicher Narzißmus
288 Seiten mit zahlreichen Abbildungen.
Broschiert

Rowohlt

Marina Gambaroff

Sag mir, wie sehr liebst du mich
Frauen über Männer
224 Seiten. Gebunden

Drei Frauen sprechen über Männer und den Mann. Sie erzählen von Sehnsüchten und Ängsten, Beglückungen und Beleidigungen, die Frauen dazu bringen, zu lieben und zu hassen. In essayistischen Passagen erkundet die Psychoanalytikerin Marina Gambaroff, wie ein verändertes Männerbild die Paarbeziehung verändern kann.

Utopie der Treue
208 Seiten. Gebunden

In den zwölf Texten dieses Buches geht es um Utopie und Therapie, um Identität und Realität von Frauen in Beziehungen: zu Müttern, zu Kindern, zu Männern, zu Frauen.

Rowohlt

Julian Jaynes

Der Ursprung des Bewußtseins
durch den Zusammenbruch der
bikameralen Psyche
Deutsch von Kurt Neff
560 Seiten. Gebunden

«Lassen Sie sich nicht abschrecken von dem akademisch klingenden Titel dieses Buches», schrieb die *New York Times* bei Erscheinen von *The Origin of Consciousness in the Breakdown of the Bicameral Mind.* «Die Sprache ist immer klar und verständlich, häufig sogar von poetischer Schönheit und Kraft.»
Eines der originellsten und aufregendsten Bücher unserer Zeit durchdringt die für uns moderne Menschen als naturgegeben erscheinenden Schichten des Bewußtseins, bis sich in einer Entfernung von drei Jahrtausenden der vor-bewußte Frühmensch des bikameralen Anfangs aller Kulturen und Religionen entdecken läßt.
Das angesehene Rezensionsorgan *Kirkus Review* urteilte: «Die Urknall-Theorie des Bewußtseins, packend vorgetragen, von beeindruckender Gelehrsamkeit und Akribie, schneidend in ihrer Kritik älterer Hypothesen, mit interessanten Darlegungen über Hypnose, Schizophrenie, Weissagung und über das Wesen des Schöpferischen bei Dichtern und Künstlern.»

Rowohlt